Mes sombres compagnons et leurs étranges histoires

Henri M. Stanley

Writat

Cette édition parue en 2024

ISBN : 9789359945255

Publié par
Writat
email : info@writat.com

Contenu

Préface.

La coutume nocturne de se rassembler autour du feu de camp et de se divertir avec des histoires a commencé en 1875, après que Sabadu, un page du roi Mtesa, eut étonné ses auditeurs avec la légende du « Prêtre irréprochable ».

Notre cercle était gratuit pour tous et était souvent bien fréquenté ; car lorsqu'on voyait que les narrateurs les plus accomplis étaient convenablement récompensés et qu'il y avait beaucoup de plaisir à en tirer, peu de gens pouvaient résister à la tentation de s'approcher et d'écouter, à moins que la fatigue ou la maladie ne les en empêchent.

Beaucoup d'histoires racontées étaient naturellement de peu de valeur, n'ayant ni nouveauté ni originalité ; et dans de nombreux cas, surtout lorsque les Zanzibariens étaient les narrateurs, les histoires n'étaient que de simples importations d'Asie ; tandis que d'autres, encore une fois, n'étaient que de simples masques de faibles inclinations. J'ai donc souvent dû passer à côté d'un long récit qui ne contenait aucun point.

Mais chaque fois qu'un véritable aborigène de l'intérieur entreprenait de raconter une histoire du passé, nous étions sûrs d'entendre quelque chose de nouveau et de frappant ; le langage devint plus suranné et dans presque chaque conte il y avait une morale distincte.

Les légendes suivantes sont les plus choisies et les plus curieuses de celles qui m'ont été contées pendant dix-sept ans, et qui n'ont été publiées jusqu'ici dans aucun de mes livres de voyage. Aussi fidèle que je me sois efforcé de suivre les narrateurs simples, il m'est impossible de reproduire la simplicité du style avec lequel ils ont été racontés, ni de décrire l'action qui les a accompagnés. Je m'inspire du natif d'Afrique. Il leur a raconté dans le but de plaire à son public autochtone, après de nombreuses sollicitations. Il n'était pas habitué à l'art de parler en public et n'a jamais songé qu'il s'exposait à la critique. Il était aussi timide et quelque peu indolent, ou fatigué peut-être, et préférait écouter les autres plutôt que de parler lui-même, mais tout en protestant avec force que sa mémoire était défectueuse et qu'il ne se souvenait de rien, il finit par céder pour le bien de paix et bonne camaraderie. Comme ces quelques exemples, sur le point d'être publiés, ne sont pas totalement dénués d'un certain mérite en tant qu'exemples des traditions centrafricaines et de la littérature orale, j'ai pensé qu'il était préférable de me considérer uniquement comme un traducteur et de les traduire en anglais avec le plus direct et vraie une version possible.

Je commence par la Création de l'Homme simplement par préférence, et non selon la date à laquelle elle a été relatée. La légende a été rapportée par Matageza, originaire des Basoko, en décembre 1883. (Les Basoko sont une tribu occupant la rive droite de la rivière Aruwimi depuis son confluent avec le Congo jusqu'à une courte distance des rapides de Yambuya, et à l'intérieur des terres pendant quelques marches.) Il avait été un serviteur assidu de notre cercle nocturne, mais jusqu'à présent, il n'avait pas ouvert la bouche. Finalement, alors que le silence autour du feu de camp devenait quelque peu gênant, Baruti, l'un de mes garçons de tente, fut pressé de dire quelque chose ; mais il recula, disant qu'il ne pouvait jamais se souvenir de ce qu'on lui disait, mais, ajouta-t-il, « Matageza est intelligent ; Je l'ai entendu raconter une longue légende sur la création du premier homme près de la lune.

Tous les regards se tournèrent aussitôt vers Matageza, qui trinquait ses pieds près de son propre petit feu, et il y eut un chœur de cris pour « Matageza ! Matageza ! Il affecta une grande réticence à se manifester, mais les hommes, dont la curiosité était éveillée, ne voulurent pas nier, et quelques-uns d'entre eux s'emparèrent de lui et le traînèrent avec de grands rires jusqu'au siège d'honneur. Après de nombreuses instances et la promesse d'un beau tissu si l'histoire était bonne, il s'éclaircit la gorge et commença ainsi l'étrange légende de la Création de l'Homme :

Chapitre un.

La création de l'homme.

Autrefois, toute cette terre, et en fait toute la terre entière, était recouverte d'eau douce.

Mais l'eau s'assécha ou disparut quelque part, et les herbes, les herbes et les plantes commencèrent à pousser au-dessus du sol, et certaines poussèrent, au cours de nombreuses lunes, en arbres, grands et petits, et l'eau fut confinée dans des ruisseaux. et des rivières, des étangs et des lacs, et à mesure que la pluie tombait, elle maintenait les ruisseaux et les rivières coulants, et les étangs et les lacs étaient toujours frais. Il n'y avait aucun être vivant qui bougeait sur la terre, jusqu'au jour où un grand crapaud était assis au bord de l'un des étangs. On ne sait pas combien de temps il a vécu, ni comment il est parvenu à exister ; on soupçonne cependant que l'eau l'a fait naître d'une vertu qu'elle contenait. Dans le ciel, il n'y avait que la Lune qui brillait et brillait ; sur la terre, il n'y avait qu'un seul crapaud. On raconte qu'ils se rencontrèrent et conversèrent ensemble, et qu'un jour la Lune lui dit :

"J'ai une idée. Je propose de faire vivre un homme et une femme des fruits de la terre, car je crois qu'il y a là-bas une riche abondance de nourriture digne de telles créatures.

"Non," dit le crapaud, "laisse-moi les faire, car je peux les rendre plus propres à l'usage de la terre que toi, car j'appartiens à la terre, tandis que toi appartiens au ciel."

« En vérité, répondit la Lune, tu as le pouvoir de créer des créatures qui n'auront qu'une brève existence ; mais si je les fais, ils auront quelque chose de ma nature ; et il est dommage que les créatures que l'on a créées souffrent et meurent. C'est pourquoi, ô crapaud, je propose de me réserver le pouvoir de création, afin que les créatures soient dotées de perfection et d'une vie durable.

« Ah, Moon, n'envie pas le pouvoir que je partage avec toi, mais laisse-moi faire ce que je veux. Je leur donnerai des formes telles que j'en ai souvent rêvé. Cette pensée est grande en moi et j'insiste pour réaliser mes idées.

« Si tu es ainsi résolu, observe mes paroles, toi et eux mourrez tous les deux. Toi, je me tuerai et finirai complètement ; et tes créatures ne peuvent que te suivre, étant d'un matériau aussi fragile que tu peux leur donner.

« Ah, tu es en colère maintenant, mais je ne fais pas attention à toi. Je suis résolu à ce que les créatures qui habiteront cette terre soient de ma propre création. Occupe-toi de ton propre empire dans le ciel.

Puis la Lune se leva et s'envola vers le haut, où, avec son grand visage brillant, il brillait sur le monde entier.

Le crapaud a grandi avec sa conception, jusqu'à ce qu'il mûrisse et sorte sous la forme d'êtres jumeaux, mâle et femelle adultes. Ce furent les premiers de notre espèce à fouler la terre.

La Lune vit l'événement avec rage, et quitta sa place dans le ciel pour punir le Crapaud, qui avait violé le privilège qu'il avait cru se réserver. Il est venu directement à la piscine de Toad et s'est tenu au-dessus d'une lumière flamboyante.

« Misérable, s'écria-t-il, qu'as-tu fait ?

« Patience, Moon, j'ai seulement exercé mon droit et mon pouvoir. C'était en moi de le faire, et voilà, l'acte est accompli.

«Tu t'es exalté pour être mon égal dans ta propre estime. Ta vanité a obscurci ton esprit et obscurci le souvenir de l'avertissement que je t'ai donné. Même si tu avais obtenu de moi une charte pour tenter cette tâche, tu n'aurais pas pu faire mieux que ce que tu as fait. Autant tu es inférieur à moi, autant ceux-ci seront inférieurs à ceux dont j'aurais pu doter cette terre. Tes créatures sont des choses pitoyables, de simples animaux dépourvus de sens, dépourvus du don de perception et de protection personnelle. Ils voient, ils respirent, ils existent ; leur vie peut être mesurée par un de mes voyages aller-retour. Si ce n'était par pitié pour eux, je les laisserais même mourir. C'est pourquoi, par pitié, je propose d'améliorer quelque peu ce que tu as fait : leur vie sera allongée, et je leur doterai d'une telle intelligence que des êtres malformés que ceux-ci peuvent contenir, afin qu'ils puissent être guidés à travers une vie qui, de toute ma puissance, doit être troublé et douloureux. Mais quant à toi, tant que tu existes, ma rage est périlleuse pour eux, c'est pourquoi, pour sauver tes proches, je te tue.

En disant cela, la Lune s'avança vers Toad, et les étincelles féroces de son visage brûlant jaillirent et tombèrent sur le Toad jusqu'à ce qu'il soit consumé.

La Lune se baigna alors dans la piscine, afin que la chaleur de sa colère puisse être modérée, et l'eau devint si chaude qu'elle ressemblait à celle qui est dans une marmite au-dessus d'un feu, et il y resta jusqu'à ce que le sifflement et les bouillonnements se soient calmés. .

Alors la Lune se leva de l'étang et chercha les créatures du Crapaud ; et quand il les eut trouvées, il les appela vers lui, mais elles eurent peur et se cachèrent.

A cette vue, la Lune sourit, comme on la voit parfois lors des belles nuits, quand elle est d'un blanc clair, sans tache ni flou, et il était heureux que les créatures du Crapaud aient peur de lui. « Pauvres créatures, dit-il, Toad m'a encore laissé beaucoup à faire avant que je puisse les rendre aptes à devenir la première des créatures terrestres. » En disant cela, il les saisit et les porta à la piscine dans laquelle il s'était baigné et qui avait été la demeure de Toad. Il les maintint dans l'eau pendant un certain temps, les baignant tendrement et les caressant ici et là comme un potier le fait avec ses faïences, jusqu'à ce qu'il les ait moulés en quelque chose de semblable à la forme que nous, hommes et femmes, possédons maintenant. Le mâle se distinguait par la largeur de ses épaules, la profondeur de sa poitrine, ses os plus gros et sa forme plus substantielle ; la femelle avait une poitrine plus fine, une taille plus fine, et la largeur et la plénitude de la femme se situaient au milieu du corps au niveau des hanches. Puis la Lune leur a donné des noms ; l'homme qu'il appelait Bateta, la femme Hanna, et il s'adressa à eux et dit :

« Bateta, vois cette terre et les arbres, les herbes, les plantes et les graminées ; tout cela est pour toi et ta femme Hanna, et pour tes enfants que Hanna, ta femme, te donnera. Je t'ai grandement refait, afin que toi et les tiens puissiez jouir des choses que vous jugerez nécessaires et convenables. Afin que tu puisses découvrir quelles choses ne sont pas nocives mais bénéfiques pour toi, j'ai placé dans ta tête la faculté de discernement, que tu dois exercer avant de pouvoir devenir sage. Plus tu le prouveras, plus tu pourras percevoir l'abondance de bonnes choses que la terre possède pour les créatures qui doivent l'habiter. Je t'ai rendu, toi et ta femme, aussi parfaits qu'il est nécessaire pour la préservation et la jouissance de la durée de la vie, qui, par la nature des matériaux dont le crapaud t'a fait, doit nécessairement être courte. Il est en ton pouvoir de le prolonger ou de le raccourcir. Il y a des choses que je dois t'apprendre. Je te donne d'abord une hache. Je fais pour toi un feu, que tu devras alimenter de temps en temps avec du bois, et le premier et le plus nécessaire ustensile pour l'usage quotidien. Observe-moi pendant que je le prépare pour toi.

La Lune prit de l'argile sombre près de la piscine et la mélangea avec de l'eau, puis la pétrit et la tordit jusqu'à ce que sa forme soit ronde et creuse à l'intérieur, puis elle la recouvrit des braises du feu et la fit cuire ; et quand ce fut prêt, il le leur remit.

« Ce récipient, continua la Lune, est destiné à la cuisson des aliments. Tu y mettras de l'eau et tu placeras dans l'eau tout ce que tu désires manger. Tu placeras ensuite le récipient sur le feu, qui, avec le temps, fera bouillir l'eau et cuira les aliments. Tous les légumes, tels que les racines et les bulbes, ont une saveur améliorée et offrent une nutrition supérieure en étant ainsi cuits. Ce sera pour toi une affaire sérieuse de savoir lesquelles de toutes les choses agréables en apparence sont aussi agréables au palais. Mais si tu doutes longtemps et crains le mal, demande et je te répondrai.

Après avoir donné à l'homme et à la femme leur première leçon, la Lune monta vers le ciel et, de sa position élevée, brilla sur eux ainsi que sur toute la terre avec une expression heureuse, qui réconforta grandement le couple solitaire.

Après avoir observé la Lune montante jusqu'à ce qu'elle atteigne sa place dans le ciel, Bateta et Hanna se levèrent et poursuivirent leur route sous la belle lumière qu'il leur donnait, jusqu'à ce qu'elles arrivèrent à un très grand arbre tombé. L'épaisseur du tronc prostré était environ deux fois supérieure à sa hauteur. À l'extrémité la plus grande, il y avait un trou dans lequel ils pouvaient entrer sans se pencher. Ayant envie de dormir, Bateta déposa son feu dehors, près de l'entrée creuse, coupa du combustible sec et sa femme l'ajouta au feu, tandis que les flammes devenaient plus vives et éclairaient l'intérieur. Bateta prit Hanna par la main et entra dans l'arbre, et les deux se couchèrent ensemble. Mais bientôt tous deux se plaignirent de la dureté de leur lit, et Bateta, après avoir réfléchi un moment, se leva et, sortant, cueillit quelques grandes feuilles fraîches d'une plante qui poussait près de l'arbre tombé, et revint chargé de feuilles. Il l'étala épaissement, et Hanna se roula dessus et rit joyeusement en disant à Bateta que c'était doux, lisse et agréable ; et ouvrant les bras, elle cria : « Viens, Bateta, et repose-toi à mes côtés.

Même si c'était le premier jour de leur vie, la Lune avait tellement perfectionné le travail inachevé et pauvre du Crapaud qu'ils étaient tous deux un homme et une femme mûrs. En moins d'un mois, Hanna enfanta des jumeaux, dont l'un était un mâle et l'autre une femelle, et ils étaient de minuscules doubles de Bateta et Hanna, ce qui plut tellement à Bateta qu'il s'occupa gentiment de sa femme qui, à cause de sa double charge, était empêchée de faire quoi que ce soit. autre.

C'est ainsi que Bateta, soucieux du confort de sa femme et de la nourriture de ses enfants, chercha à trouver des choses de choix, mais ne trouva pas grand-chose pour plaire au goût délicat que sa femme avait contracté. Sur quoi, levant les yeux vers Moon, les mains levées, il s'écria :

« Ô Lune, écoute ta créature Bateta ! Ma femme languit, et elle a un goût étranger pour moi que je ne peux pas satisfaire, et les enfants qui nous sont nés se nourrissent de son corps, et sa force diminue rapidement. Descends, ô Lune, et montre-moi quels fruits ou quelles herbes guériront son désir.

La Lune entendit la voix de Bateta, et sortant de derrière le nuage avec un visage blanc et souriant, elle dit : « Tout va bien, Bateta ; voila ! Je viens pour t'aider.

Lorsque la Lune s'approcha de Bateta, il lui montra le fruit doré de la banane, qui était la même plante dont les feuilles avaient formé le premier lit de lui et de sa femme.

« Ô Bateta, sens ce fruit. Comment aimes-tu son parfum ?

«C'est beau et doux. Ô Lune, si c'est aussi sain pour le corps que doux à sentir, ma femme s'en réjouira.

Alors la Lune éplucha la banane et l'offrit à Bateta, sur lequel il la mangea hardiment, et la saveur était si agréable qu'il demanda la permission d'en apporter une à sa femme. Quand Hanna l'avait goûté, elle semblait également l'apprécier ; mais elle dit : "Dites à Moon que j'ai besoin d'autre chose, car je n'ai aucune force, et je pense que ce fruit ne me donnera pas ce que j'ai perdu à cause de ces enfants."

Bateta sortit et pria Moon d'écouter les paroles d'Hanna. Après avoir entendu, il dit : "Je savais que cela devait être, c'est pourquoi regarde autour de toi, Bateta, et dis-moi ce que tu vois bouger là-bas."

"Eh bien, c'est un buffle."

"J'ai bien nommé", répondit Moon. "Et qu'est-ce qui suit?"

"Une chèvre."

«Bien encore. Et ensuite ? »

"Une antilope."

« Excellent, ô Bateta ; et quelle pourrait être la prochaine étape ?

"Un mouton."

« C'est vraiment du mouton. Maintenant, regarde au-dessus des arbres et dis-moi ce que tu vois planer au-dessus d'eux.

"Je vois des poules et des pigeons."

"Très bien nommé, en effet", dit Moon. « Je te les donne comme viande. Le buffle est fort et féroce, laisse-le tranquille ; mais les chèvres, les moutons et les oiseaux vivront près de toi et partageront ta générosité. Il y en a dans les bois qui viendront à toi lorsqu'ils seront remplis de leurs pâturages et de leurs picotements. Prends n'importe lequel d'entre eux, qu'il s'agisse d'une chèvre, d'un mouton ou d'un oiseau. Attache-le et coupe-lui la tête avec ta hache. Le sang coulera dans le sol ; la viande située sous la peau extérieure est bonne à manger, après avoir été bouillie ou rôtie sur le feu. Dépêchez-vous maintenant, Bateta ; c'est de la viande dont ta femme a envie, et elle n'a besoin de rien d'autre pour retrouver ses forces. Alors préparez-vous immédiatement et mangez.

La Lune flottait vers le haut, souriante et bienveillante, et Bateta s'empressa d'attacher une chèvre et de la préparer comme la Lune l'avait conseillé. Hanna, après avoir mangé de la viande préparée par ébullition, reprit bientôt ses forces, et les enfants prospérèrent et grandirent à merveille.

Un matin, Bateta sortit de sa maison évidée, et voilà ! un changement était survenu sur la terre. Juste au-dessus de la cime des arbres, un grand globe de lumière brillante et éblouissante sortait du ciel et brillait de blanc et de lumière sur tout. Des choses qu'il avait vaguement vues auparavant étaient maintenant plus clairement révélées. Au moyen de l'étrange lumière suspendue dans le ciel, il vit la différence entre celle que donnait la Lune et cette nouvelle clarté qui brillait maintenant. Car, à l'extérieur, les arbres et leurs feuilles semblaient revêtus d'une couche de lumière lumineuse, tandis qu'en dessous ce n'était qu'un faible reflet de ce qui était au dehors, et à la vue cela ressemblait à la lumière plus froide de la Lune.

Et dans la lumière plus fraîche qui régnait sous le feuillage des arbres, des foules de créatures nouvelles et étranges étaient rassemblées ; certains sont grands, d'autres de taille moyenne et d'autres de petite taille.

Étonné de ces changements, il s'écria : « Sors, ô Hanna, et vois les choses étranges à l'extérieur de la demeure, car en vérité je suis étonné et je ne sais pas ce qui s'est passé. »

Obéissante, Hanna sortit avec les enfants et se tint à ses côtés, et fut également étonnée par l'éclat de la lumière et par le nombre de créatures qui, de toutes sortes de tailles et de formes, se tenaient dans l'ombre, rangées autour d'eux, le visage tourné vers eux. l'endroit où ils se trouvaient.

« Que peut présager ce changement, ô Bateta ? demanda sa femme.

«Non, Hanna, je ne sais pas. Tout cela s'est produit depuis que la Lune m'a quitté.

"Tu dois obligatoirement l'appeler à nouveau, Bateta, et lui demander la signification, sinon je craindrais du mal pour toi et pour ces enfants."

"Tu as raison, ma femme, car découvrir le sens de tout cela sans autre aide que mon propre esprit nous retiendrait ici jusqu'à notre mort."

Alors il éleva la voix et cria vers le haut, et au son de sa voix toutes les créatures rassemblées dans les ombres regardèrent vers le haut et crièrent de leurs voix ; mais la signification de leur cri, bien qu'il y ait une variété infinie de sons, depuis la voix ronde et hurlante du lion jusqu'au couinement aigu de la souris, était :

« Descends vers nous, ô Lune, et explique-nous la signification de ce grand changement ; car toi seul, qui nous as créés, peux guider nos sens vers la bonne compréhension.

Lorsqu'ils eurent terminé leur supplication auprès de la Lune, une voix vint d'en haut, qui ressemblait à un tonnerre lointain, disant : « Restez là où vous vous tenez, jusqu'à ce que l'éclat de cette nouvelle lumière ait disparu et que vous distinguiez ma lumière plus douce et ma lumière plus douce. celui des nombreux enfants qui me sont nés, lorsque je viendrai vers vous et vous expliquerai.

Ensuite, ils reposèrent chaque créature à sa place, jusqu'à ce que la grande luminosité et la chaleur que donnait l'étrange lumière disparaissent et diminuent, et on a observé qu'elle disparaissait de la vue du côté opposé à celui où elle avait été vue pour la première fois, et aussi immédiatement après, sur le lieu de sa disparition, la Lune fut vue, et partout dans le ciel étaient visibles les innombrables petites lumières que donnaient les enfants de la Lune.

Bientôt, après que Bateta eut fait remarquer cela à Hanna et aux enfants, la Lune brillait fade et son visage était couvert de joie, et il quitta le ciel en souriant, et flotta jusqu'à la terre, et se tint non loin de Bateta. en vue de lui et de sa famille, et de toutes les créatures sous l'ombre.

« Écoutez, ô Bateta, et vous, créatures de proie et de pâturage. Vous avez vu il y a peu de temps commencer la mesure du temps, qui sera désormais divisé en jour et en nuit. Le temps qui s'écoule entre le lever et le coucher du Soleil sera appelé jour, celui qui s'écoulera entre son coucher et son retour sera appelé nuit. La lumière du jour vient du Soleil, mais la lumière de la nuit vient de moi et de mes enfants les étoiles ; et comme vous êtes toutes mes créatures, j'ai choisi que ma lumière la plus douce brille pendant le temps de repos pendant lequel vous dormez, pour récupérer la force perdue pendant le temps d'éveil, et que vous soyez réveillés quotidiennement pendant le temps de travail par la lumière plus forte. du soleil. Cette règle sans fin doit demeurer.

« Et tandis que Bateta et sa femme sont les premiers des créatures, pour eux, leurs familles et les espèces qui leur naîtront auront la prééminence sur toutes les créatures créées, non pas qu'elles soient plus fortes ou plus rapides, mais parce que à eux seulement j'ai donné l'intelligence et le don de la parole pour la transmettre. La perfection et la vie éternelle ont également été données, mais la souillure du crapaud reste dans le système et le résultat sera la mort, la mort de tous les êtres vivants, à l'exception de Bateta et Hanna. Le moment venu, lorsque leurs membres refuseront de porter le fardeau de leur corps et que leur moelle sera sèche, mon premier-né reviendra à moi et je les absorberai. Des enfants leur naîtront en nombre incalculable, jusqu'à ce que les familles s'étendent en tribus, et d'ici, comme d'une source, l'humanité débordera et envahira toutes les terres, qui ne sont maintenant que sauvages et sauvages, voire jusqu'aux extrémités les plus éloignées de la terre. .

« Et écoute, ô Bateta, les bêtes que tu vois sont nées des cendres du crapaud. Le jour où il a mesuré sa puissance par rapport à la mienne et où il a été consumé par mon feu, il lui restait une goutte de jus dans la tête. C'était un germe de vie qui devint bientôt un autre crapaud. Bien qu'il ne soit pas égal en puissance au crapaud parent, tu vois ce qu'il a fait. Là-bas, les bêtes de proie, les pâturages et les oiseaux sont son ouvrage. Dès qu'ils furent conçus par lui, et qu'ils étaient grossiers et disgracieux, je les plongeai dans la piscine du crapaud et les perfectionnai extérieurement, selon leurs usages, et, comme tu le vois, chaque spécimen a son compagnon. Tandis que toi et eux avez tous deux le venin âcre du crapaud, vous du parent, eux dans une plus grande mesure du crapaud enfant, la souillure mortelle, une fois mûre, mettra fin à l'homme et à la bête. Aucune compréhension ni aucun don de parole ne leur ont été donnés, et ils sont aussi inférieurs à vous-même que l'enfant crapaud l'était à son parent crapaud. C'est pourquoi, vous pouvez employer à vos services les qualités que vous pourrez découvrir en eux. En attendant, qu'ils sortent chacun vers leur propre aire d'alimentation, leur repaire ou leur refuge, et grandissent et se multiplient, jusqu'à ce que les générations qui descendent de toi en aient besoin. Avec les richesses de la forêt, de la jungle et de la plaine, les chèvres, les moutons et les volailles te suffisent. À ton guise, Bateta, tu peux frapper et manger les bêtes que tu vois semblables par habitude à celles qui se nourriront de ta main. Les eaux regorgent de poissons qui sont à toi selon tes besoins, l'air fourmille d'oiseaux qui sont aussi à toi, selon que ton entendement te le dirigera.

« Tu seras sage de planter tous les produits comestibles que tu trouveras agréables au palais et agréables à ton corps, mais ne sois pas téméraire en supposant que tout ce qui est agréable à l'œil est reconnaissant à ton intérieur.

« Tant que toi et Hanna serez sur terre, je vous promets mon aide et mes conseils ; et ce que je te dis, à toi et à ta femme, tu ferais bien de l'enseigner à tes enfants, afin que le souvenir des choses utiles ne soit pas oublié, car après que je t'ai pris chez moi, je ne viens plus visiter l'homme. Entrez maintenant dans votre maison, car c'est un moment, comme je vous l'ai dit, de repos et de sommeil. À l'éclat d'une plus grande lumière, tu te réveilleras pour une vie et un travail actifs, ainsi que pour les soins et les joies de la famille. Les bêtes erreront aussi chacune chez elle dans la terre, sur la cime des arbres, dans les buissons ou dans la caverne. Adieu, Bateta, et prends bien soin de ta femme Hanna et de tes enfants.

La Lune termina son discours et flotta vers le haut, radieuse et gracieuse, jusqu'à ce qu'il se repose à sa place dans le ciel, et tous les enfants de la Lune scintillèrent de joie et d'allégresse si brillamment, lorsque le parent du monde entra dans sa maison, que pendant un court instant, tous les cieux parurent brûlants. Alors la Lune enveloppa sur lui son manteau nuageux, et les petits enfants de la Lune semblèrent s'assoupir, car ils scintillaient faiblement, et alors les ténèbres tombèrent sur toute la terre, et dans les ténèbres, hommes et bêtes se retirèrent chacun chez soi. lieu, selon les directives de la Lune.

Une seconde fois, Bateta se réveilla et sortit en s'émerveillant de la luminosité intense de la lumière brûlante qui illuminait la journée. Puis il regarda autour de lui, et ses yeux se posèrent sur un noble troupeau de chèvres et de moutons, qui bêlaient tous pour leur souhaiter la bienvenue du matin, tandis que les jeunes caracollaient de joie, et après s'être courbés, exprimaient par de petits bêlements la joie qu'ils éprouvaient en voyant leur chef, Bateta. Son attention était également attirée sur les volailles domestiques ; il y avait des coqs roux, blancs et tachetés, et autant de poules colorées, chacune avec sa propre couvée de poussins. Les poules trottinaient vers leur maître – gloussement, gloussement, gloussement – les petits poussins, suivant chacun leur propre mère – piou, piou, piou – tandis que les coqs jetaient leurs seins et se pavanaient majestueusement derrière, et chantaient de leurs gorges de trompette : « Salut à tous, maître.

Alors le vent du matin se leva et balança les arbres, les plantes et les herbes, et leurs cimes se courbèrent devant lui pour saluer le nouveau roi de la terre, et c'est ainsi que l'homme comprit que son règne sur tout était reconnu.

Quelques mois plus tard, une autre double naissance se produisit, et quelques mois plus tard il y en eut encore une autre, et Bateta se souvint du nombre de mois qui s'écoulaient entre chaque événement, et savait que ce serait une coutume régulière pour toujours. À la fin de la dix-huitième année, il permit à son premier-né de choisir une épouse, et lorsque ses autres enfants furent grands, il leur permit également de choisir leur épouse. Au bout de quatre-vingt-dix ans, Hanna avait eu de Bateta deux cent quarante-deux enfants, et il y avait des petits-enfants, des arrière-petits-enfants et d'innombrables arrière-arrière-petits-enfants, et ils vécurent jusqu'à un âge plusieurs fois supérieur à celui de l'époque. le plus grand âge parmi nous de nos jours. Lorsqu'ils furent si vieux qu'il leur devint difficile de vivre, la Lune descendit sur terre comme il l'avait promis et les enfanta à elle-même, et peu après les jumeaux premiers-nés moururent et furent enterrés dans la terre, et depuis, les décès furent nombreux et plus fréquents. Les gens ont cessé de vivre aussi longtemps que leurs parents, car la maladie, les dissensions, les guerres, les famines, les accidents les ont mis fin et ont abrégé leurs jours, jusqu'à ce qu'ils oublient enfin comment vivre longtemps et ne se soucient pas de penser à ce que pourraient être leurs jours. prolongé. Et c'est ainsi que cela s'est produit jusqu'à nous qui vivons aujourd'hui. La terre entière est remplie d'humanité, mais les morts qui sont partis et oubliés sont bien plus nombreux que ceux qui vivent actuellement sur la terre.

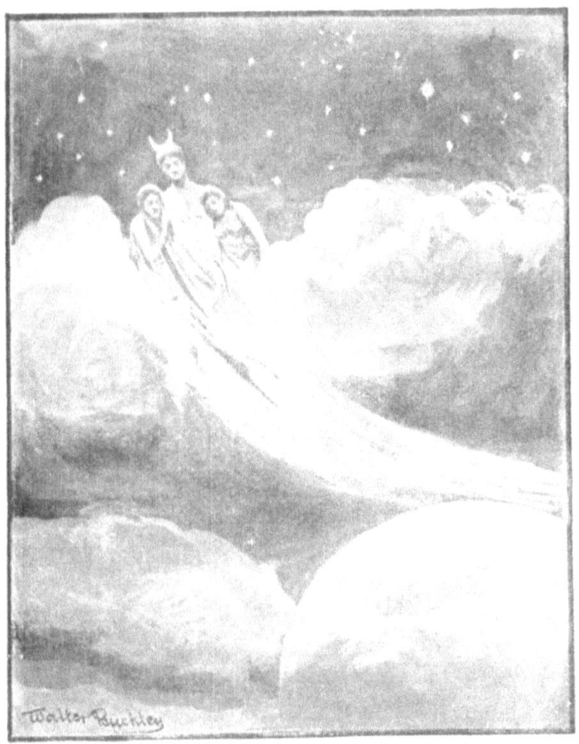

"THE MOON CAME DOWN TO THE EARTH . . . AND BORE THEM TO
HIMSELF."

Vous voyez maintenant, mes amis, quel mal le crapaud a fait à toute l'humanité. S'il avait été moins arrogant et s'il avait attendu un peu, la bonne Lune nous aurait conçus d'une espèce plus noble que nous ne le sommes aujourd'hui, et la souillure du Crapaud n'aurait pas maudit l'homme. Abandonnez donc les voies de l'entêtement et ne cédez pas à la témérité, mais faites bien attention aux sages et aux vieux, de peur que vous ne souilliez de la même manière le peuple et que vous ne fassiez souffrir les innocents, les jeunes et les faibles. J'ai prononcé mon mot. Si vous avez entendu quelque chose de déplaisant, souvenez-vous que je vous raconte l'histoire telle qu'elle m'a été racontée.

" Si c'est une simple histoire, dit Baraka, c'est très bien raconté, mais j'aimerais savoir pourquoi la Lune n'a pas appris à Bateta la valeur du manioc, puisqu'il a pris la peine de lui parler de la banane. "

"Pour la raison", répondit Matageza, "quand il lui a montré la banane, il n'y avait personne d'autre que la Lune qui aurait pu le faire. Mais après que la Lune eut donné pour compagnons des chèvres, des moutons et des volailles, sa propre intelligence vive fut suffisante pour enseigner beaucoup de choses à Bateta. Les chèvres devinrent de grands animaux de compagnie de Bateta et le suivaient partout. Il remarqua qu'il y avait une certaine plante vers laquelle les chèvres affluaient avec une grande avidité, pour se nourrir des cimes jusqu'à ce que leur ventre devienne rond et gros avec elle. Un jour, l'idée lui vint que si les chèvres pouvaient s'en nourrir si librement sans danger, cela pourrait aussi lui être inoffensif. Sur quoi il a arraché la plante et l'a ramenée chez lui. Pendant qu'il coupait le dessus du pot, ses chèvres de compagnie essayaient de manger le tubercule qui était la racine, et il essayait également de le faire. Il coupa les feuilles et les racines et les fit cuire, et après les avoir goûtées, il les trouva extrêmement bonnes et savoureuses, et désormais le manioc devint un aliment quotidien pour lui et sa famille, et depuis eux pour les enfants de ses enfants, et ainsi de suite jusqu'à nous. .»

« En vérité, cela présente un grand intérêt. Pourquoi n'as-tu pas mis ça dans l'histoire ?

« Parce que l'histoire n'aurait alors pas de fin. Il faudrait que je vous parle de la patate douce et de la tomate, de la citrouille, du mil découvert par les poules et de la noix de palme découverte par le chien.

"Ah, oui, dis-nous comment un chien aurait pu montrer les usages de la noix d'huile de palme."

"C'est très simple. Bateta a persuadé un chien de vivre avec lui parce qu'il a découvert que le chien préférait s'asseoir sur ses hanches et attendre les os que sa famille jetait de côté une fois le repas terminé, plutôt que de chasser pour lui-même comme les autres bêtes carnivores. Un jour, Bateta sortit dans les bois et son chien le suivit. Après une longue marche, Bateta se reposa au pied d'un grand arbre droit appelé palmier, et il y avait sur le sol un grand nombre de noix, que peut-être les singes ou le vent avaient jetées. Le chien, après les avoir sentis, se coucha et commença à les manger, et bien que Bateta eut peur de se blesser, il le laissa faire à sa guise, et il ne vit pas du tout qu'ils lui faisaient du mal, mais qu'il semblait aussi affectueux. comme toujours d'entre eux. En pensant à cela, il comprit qu'ils ne lui feraient aucun mal ; et après les avoir cuits, il constata que leur graisse améliorait la saveur de ses légumes, d'où la coutume nous est parvenue. En effet, la connaissance de la plupart des choses que nous connaissons aujourd'hui comme comestibles nous est venue grâce à l'observation des animaux par nos premiers pères. Ce que les anciens ignoraient a été découvert plus tard, à cause du stress de la faim, alors que les hommes se perdaient dans les buissons sauvages.

Quand enfin nous nous levâmes pour nous retirer dans nos tentes et nos huttes, la plupart de notre groupe éprouvèrent la triste conviction que le crapaud avait transmis à toute l'humanité une souillure incurable et que nous, les pauvres voyageurs, en particulier, étions maudits par un excès de malédiction. à la suite de quoi le crapaud et le têtard furent chaleureusement maltraités par tous.

Chapitre deux.

La Chèvre, Le Lion et Le Serpent.

Baruti, qui signifie « poudre à canon », enviait à Matageza le « morceau » d'une douzaine de mouchoirs gais, avec lesquels il avait été récompensé pour son excellente histoire, et un soir, alors qu'il servait le dîner, il osa me dire qu'il se souvenait aussi d'une histoire. cela lui avait été raconté lorsqu'il était enfant chez les Basoko.

« Très bien, Baruti, répondis-je, nous nous retrouverons tous ce soir autour du feu de camp comme d'habitude, et selon le mérite de votre histoire vous serez sûrement récompensé. S'il est meilleur que celui de Matageza, vous aurez un morceau de tissu encore plus fin ; si ce n'est pas si intéressant, on ne peut pas en attendre autant.

"Très bien Monsieur. Les affaires sont les affaires, et rien pour lui qui ne puisse rien dire.

Peu après la tombée de la nuit, les capitaines de l'expédition et les hommes les plus intelligents commencèrent à former le cercle du soir, et après avoir discuté de l'état de la nuit et des événements de la journée, j'appelai Baruti pour lui raconter son histoire : Quand, après nous avoir raconté combien de temps s'était écoulé depuis qu'il l'avait entendu, et comment en fouillant dans les recoins de sa mémoire il s'en était enfin souvenu, il nous raconta l'histoire de « La Chèvre, le Lion et le Serpent, " De la manière suivante:-

Une chèvre et un lion voyageaient un jour ensemble à la lisière d'une forêt, au fond de laquelle se trouvait une communauté d'humains confortablement enfermés dans un village clôturé de pieux hauts et pointus. La Chèvre dit au Lion :

"Eh bien, mon ami, d'où viens-tu aujourd'hui ?"

« Je reviens d'un festin que j'ai offert à de nombreux amis : au léopard, à l'hyène, au loup, au chacal, au chat sauvage, au buffle, au zèbre et bien d'autres encore. La girafe au long cou et l'élan de rosée étaient également là, ainsi que l'antilope bondissante.

« Vous avez en effet une grande compagnie », dit la Chèvre avec un soupir. « Quant à mon pauvre moi, je suis seul. Personne ne se soucie beaucoup de moi, mais je trouve une abondance d'herbe et de feuilles douces, et quand je suis rassasié, je cherche un endroit doux sous un arbre et je rumine, rêveur et content. Et d'autres chagrins, hormis une sensation de faim occasionnelle, dans mes pérégrinations, je n'en connais aucun.

"Voulez-vous dire que vous ne m'enviez pas ma dignité royale et ma force?"

"Je ne le sais pas, car je les ai jusqu'à présent ignorés."

"Quoi? Ne savez-vous pas que je suis le plus fort de tous ceux qui habitent dans la forêt ou dans le désert ? que lorsque je rugis, tous ceux qui m'entendent baissent la tête et reculent de peur ?

« En effet, je ne sais pas tout cela, et je ne suis pas non plus bien sûr que vous ne vous trompiez pas, car j'en connais beaucoup dont les pouvoirs offensifs sont bien plus dangereux, mon ami, que les vôtres. Certes, vos dents sont grandes, vos griffes sont acérées, votre rugissement est assez fort et votre apparence est imposante. Pourtant, je connais une petite chose dans ces bois qui est bien plus redoutable que vous ; et je pense que si vous vous y affrontiez dans un concours, cette même petite chose deviendrait gagnante.

"Bah!" dit le Lion avec impatience, tu me mets en colère. Eh bien, aujourd'hui encore, tous ceux qui étaient à la fête ont reconnu qu'ils n'étaient que de faibles créatures comparées à moi : et vous avouerez que si je vous griffais une seule fois, il n'y aurait plus de vie en vous.

« Ce que vous dites à mon sujet est assez vrai, et, comme je l'ai déjà dit, je ne prétends pas posséder la force. Mais cette petite chose que je connais n'a probablement pas été présente à votre fête.

« Quelle peut être cette petite chose si affreuse ? » » demanda le Lion d'un ton ricanant.

"Le Serpent", répondit la Chèvre en ruminant d'un air indifférent.

"Le serpent!" dit le Lion étonné. " Quoi, ce reptile rampant, qui se nourrit de souris et d'oiseaux endormis, cette chose douce, semblable à une vigne, qui s'enroule dans des touffes d'herbe et des branches de buisson ? "

"Oui, c'est clairement son nom et son caractère."

"Eh bien, mon poids seul le foulerait jusqu'à ce qu'il devienne plat comme un œuf écrasé."

«Je n'essaierais pas de le faire si j'étais toi. Ses crocs sont plus pointus que vos grandes dents ou vos griffes.

« Veux-tu le comparer à ma force ?

"Oui."

« Et si vous perdez, quel sera le forfait ?

« Si vous survivez au combat, je serai votre esclave et vous pourrez me commander dans n'importe quel but qui vous plaira. Mais que me donneras-tu si tu perds ?

"Ce qu'il te plaira."

« Eh bien, je prendrai cent régimes de bananes ; et tu ferais mieux de les amener ici à côté de moi, avant de commencer.

« Où est ce Serpent qui combattra avec moi ?

"Près de. Quand tu auras apporté les bananes, il sera là et t'attendra.

Le Lion s'éloigna fièrement pour se procurer les bananes, et la Chèvre se dirigea vers la brousse, où il vit le Serpent somnolent, enroulé en plusieurs tours sur une branche mince.

« Serpent », dit la Chèvre, « réveille-toi. Le Lion est prêt à se battre contre vous. Il a parié cent régimes de bananes qu'il serait le vainqueur, et j'ai juré ma vie que tu seras le plus fort ; et, écoutez-vous, obéissez à mes conseils, et ma vie sera en sécurité, et je recevrai de la nourriture pendant au moins trois lunes.

"Eh bien," dit Serpent langoureusement, "que veux-tu que je fasse ?"

"Prenez position sur un buisson d'environ trois coudées de haut, qui se dresse près de la scène où doit avoir lieu le combat, et quand le Lion sera prêt, levez haut et hardiment votre crête, et demandez-lui de s'avancer près de vous afin que vous puissiez bien le voir. , parce que tu es myope, tu sais. Et lui, plein de vanité et méprisant votre légèreté, s'avancera vers vous, sans se rendre compte de votre mode d'attaque. Attachez ensuite vos crocs à ses sourcils et enroulez-vous autour de son cou. S'il reste de la vertu dans votre venin, le pauvre Lion ne tardera pas à rester immobile.

« Et si je fais ça, que feras-tu pour moi ? »

"Je suis ton serviteur et ton ami pour toujours."

"C'est bien", répondit le Serpent. "Montrez la voie."

En conséquence, Chèvre conduisit Serpent sur les lieux du combat, et ce dernier s'enroula, comme Chèvre l'avait conseillé, sur la cime feuillue d'un jeune buisson.

Bientôt Lion arriva, avec une longue file d'animaux serviles, portant cent régimes de bananes ; et, après les avoir congédiés, il se tourna vers la Chèvre et dit :

« Eh bien, Bouc, où est ton ami qui est plus fort que moi ? Je suis curieux de le voir.

"Es-tu Lion ?" demanda une voix sifflante du haut d'un buisson.

"Oui je suis; et qui es-tu pour ne pas me connaître ?

« Je suis Serpent, ami Lion, à courte vue et lent à bouger. Approchez-vous de moi, car je ne vous vois pas.

Le Lion poussa un grand rire rugissant et s'approcha avec confiance du Serpent - qui avait relevé sa crête et cambré son cou - si près que son souffle semblait souffler la forme élancée dans un mouvement tremblant.

"Tu trembles déjà", dit Lion d'un ton moqueur.

"Oui, je tremble mais pour mieux frapper, mon ami", dit Serpent, tandis qu'il s'élançait et fixait ses crocs dans le sourcil droit du Lion, et au même moment son corps glissait autour du cou du Lion et s'enfonçait. hors de vue dans la crinière abondante.

Comme la douleur du feu, le venin mortel fut rapidement ressenti dans la tête et le corps. Lorsqu'il atteignit le cœur, Lion tomba et resta immobile et mort.

"Bien joué", s'écria Goat en dansant autour du tas de bananes. "J'ai des provisions pour trois lunes, et ce vaillant rugissant ne vaut pas plus qu'une chèvre morte."

La Chèvre et le Serpent se jurèrent alors d'amitié l'un pour l'autre, après quoi Serpent dit :

« Maintenant, suis-moi et obéis. J'ai un peu de travail pour toi.

"Travail! Quel travail, ô Serpent ?

«C'est léger et agréable. Si vous suivez ce chemin, vous trouverez un village humain. Là, tu proclameras au peuple ce que j'ai fait, et tu leur montreras ce cadavre. En échange de cela, ils vous apprécieront et vous trouverez une abondance de nourriture dans leurs jardins : de tendres feuilles de manioc et d'arachide, des bananes moelleuses et beaucoup de légumes verts riches chaque jour. Il est vrai que lorsque tu es gros et qu'il faut faire un festin, ils te tuent et te mangent ; mais, pour toute votre espèce, le confort, l'abondance et un logement chaud et sec sont plus agréables que la jungle froide et humide et la destruction par les bêtes sauvages.

« Non, ni le travail ni le sort ne sont pénibles, et je te remercie, ô Serpent ; mais pour toi, il ne peut y avoir d'autre demeure que le buisson et la touffe d'herbe, et tu seras toujours un ennemi redoutable de tous ceux qui s'approcheront de ton lieu de repos.

Puis ils se séparèrent. La Chèvre suivit le chemin et arriva dans les jardins d'un village, où une femme coupait du combustible. Levant les yeux, elle vit une créature avec de grandes cornes s'approcher d'elle en bêlant. Sa première impulsion fut de s'enfuir, mais voyant, en bêlant, que c'était un animal mangeur de fourrage, sans aucun moyen de l'offenser, elle cueillit quelques feuilles de manioc et les lui cajola, sur quoi la Chèvre vint et lui parla. .

"Suivez-moi, car j'ai une chose étrange à vous montrer à un peu de distance."

La femme, s'étonnant qu'un animal à quatre pattes puisse s'adresser à elle avec un langage intelligible, la suivit ; et la Chèvre trottait doucement devant elle jusqu'à l'endroit où le Lion gisait mort. La femme, en voyant le corps, s'est arrêtée et a demandé : « Quelle est la signification de cela ?

La chèvre répondit : « Celui-ci était autrefois le roi des bêtes ; la crainte de lui était sur tous ceux qui vivaient dans les bois et dans le désert. Mais il se vantait trop souvent de sa puissance et devenait trop fier. Je l'ai donc mis au défi de combattre une petite créature de la brousse, et voilà ! le vantard a été tué.

« Et comment nomme-t-on le vainqueur ?

"Le serpent."

« Ah ! tu dis vrai. Le Serpent est le roi de tout, sauf de l'homme, répondit la femme.

"Vous êtes du genre sage", répondit la Chèvre. « Le Serpent m'a avoué que l'homme était son supérieur et m'a envoyé vers toi pour que je puisse devenir la créature de l'homme. Désormais, l'homme me nourrira de verdure, de sommités tendres de plantes, m'abritera et me protégera ; mais quand viendra le jour de la fête, l'homme me tuera et mangera de ma chair. Ce sont les paroles du Serpent.

La femme a écouté toutes les paroles de Chèvre et les a conservées dans sa mémoire. Puis elle dépouilla le lion de sa proie velue et l'emporta au village, où elle étonna ses gens avec tout ce qui lui était arrivé. Depuis ce jour jusqu'à aujourd'hui, la race des chèvres est restée dans les familles des hommes, et les gens sont reconnaissants au Serpent pour le cadeau qu'il leur a fait ; car si le Serpent ne lui avait pas ordonné de rechercher leur présence, la Chèvre serait restée à jamais sauvage comme l'antilope, son frère.

"Bien joué, Baruti", s'est écrié Chowpereh. « C'est une très bonne histoire, et il est très probable qu'elle soit également vraie. Wallahi, il y a du bon sens chez ces païens après tout, et je pensais que leurs têtes étaient très boisées. Il va sans dire que les sentiments de Chowpereh étaient généralement partagés et que Baruti reçut la nouvelle robe qu'il méritait tant.

Chapitre trois.

La reine de la piscine.

Kassim était un garçon robuste du pays Basoko et un copain de Baruti. Jusqu'à présent, il ne nous avait jamais raconté de légende, bien qu'il aimait s'asseoir près du feu et écouter les contes des temps anciens. Ce silence de sa part fut enfin remarqué, et un soir nous tous le pressâmes de parler, parce qu'il était injuste que ceux qui fréquentaient notre club en plein air soient toujours prêts à se divertir et refusent pourtant d'apporter leur contribution. partager au divertissement. Ce genre d'argumentation l'a poussé à admettre enfin qu'il devait au parti une dette en nature, et il a déclaré :

Eh bien, mes amis, chacun selon sa nature, bien qu'il y ait tant d'hommes dans le monde qu'ils diffèrent les uns des autres autant que des pierres, dont aucune n'est exactement semblable. Voici Baruti, qui ne semble jamais se lasser de parler, tandis que je trouve plus de plaisir à regarder ses lèvres monter et descendre, et sa langue sortir et rentrer, qu'à utiliser la mienne. Je ne me souviens d'aucune légende, c'est la vérité ; mais je connais quelque chose qui n'est pas une fiction, qui s'est produit dans notre pays à propos d'Izoka, une femme originaire d'Umané, la grande ville au-dessus de Basoko. Izoka, la Reine du Bassin, comme nous l'appelons, est en vie maintenant, et si jamais vous repassez par Umané, vous pouvez demander à n'importe lequel des indigènes si mes paroles sont vraies, et vous constaterez qu'ils certifieront ce que j'ai dit. je vais maintenant vous le dire.

Izoka est la fille d'un chef d'Umané dont le nom est Uyimba, et sa mère s'appelle Twekay. L'un des jeunes guerriers appelé Koku leva les yeux vers elle, et comme il avait sa propre maison qui était vide, il pensa qu'Izoka devrait être celui qui garderait son foyer au chaud et qui serait son compagnon pendant qu'il allait pêcher. L'idée s'est fixée dans son esprit, il s'est adressé à son père et la dot a été exigée ; et, même si c'était lourd, c'était payé pour apaiser son désir d'elle.

Désormais, Izoka était parfaitement apte à devenir l'épouse d'un chef. Elle était grande, mince et jolie ; sa peau était comme jusqu'au toucher, ses yeux bienveillants débordaient de douceur, ses dents étaient comme des perles blanches, et son rire prompt était tel que tous ceux qui l'entendaient le comparèrent aux doux sons d'une flûte que le joueur parfait aime jouer. faire avant qu'il ne commence une mélodie, et l'humeur des hommes devenait joyeuse lorsqu'elle les croisait dans le village. Eh bien, elle est devenue la femme de Koku et elle a quitté la maison de son père pour vivre avec son mari.

Au début, il semblait qu'ils étaient nés l'un pour l'autre. Même si Koku n'était pas un mauvais pêcheur, sa femme le surpassait à tous points de vue. Là où un poisson entrait dans son filet, dix entraient dans celui d'Izoka, et ce grand succès lui apportait l'abondance. Son canot revenait chaque jour chargé de poisson et, une fois rentrés chez eux, ils avaient autant de travail qu'ils pouvaient pour nettoyer et soigner le poisson. Leurs prises quotidiennes auraient permis à tout un village de mourir de faim. Ils se débarrassèrent donc de leur surplus en l'échangeant contre des esclaves, des chèvres, des volailles, des houes, des pagaies sculptées et des épées ; et en peu de temps, Koku devint le plus riche parmi les chefs d'Umané, grâce à la bonne fortune qui accompagnait Izoka dans tout ce qu'elle faisait.

La plupart des hommes se seraient considérés comme très favorisés d'avoir des épouses aussi chanceuses, mais ce n'était pas le cas de Koku. Il est devenu un homme changé. La prospérité était son fléau. Il n'allait plus pêcher avec Izoka ; il visitait rarement le marché en sa compagnie, ni les champs où les esclaves travaillaient, plantant du manioc, ou désherbant les rangs de plantains, ou défrichant la jungle, comme il le faisait autrefois. On le voyait désormais toujours avec sa longue pipe, et buvant avec de misérables oisifs le vin de plantain acheté avec l'industrie de sa femme ; et quand il rentrait à la maison, c'était pour s'en prendre à sa femme de telle manière qu'elle ne pouvait que s'incliner en silence.

Lorsque Koku était le plus rempli de méchanceté, il avait une manière irritante de déguiser sa méchanceté avec un sourire méchant, tandis que sa langue exprimait toutes sortes d'imaginations contraires. Il se plaisait à dire que sa peau lisse était aussi rugueuse que la feuille avec laquelle nous polissons nos lances, qu'elle était trapue et naine, que sa bouche lui rappelait celle d'un crocodile et ses oreilles celles d'un singe ; ses jambes étaient tordues, et ses pieds ressemblaient à des sabots d'hippopotame, et elle était méprisée même pour ses ongles, usés jusqu'au vif par le travail domestique ; et il continua ainsi à la contrarier, jusqu'à ce qu'enfin il se persuada que c'était elle qui le tourmentait. Puis il l'a accusée de sorcellerie. Il a dit que c'était grâce aux médicaments de sa sorcière qu'elle avait attrapé tant de poissons, et il savait qu'un jour elle l'empoisonnerait. Or, dans notre pays, c'est une accusation très grave. Cependant, elle n'a jamais affronté l'humour de son mari, mais a reçu l'amertume les lèvres fermées. Cette habitude silencieuse de sa part a aggravé les choses. Car plus elle faisait preuve de patience, plus ses accusations devenaient fortes et plus elle paraissait pire à ses yeux. Et en effet, ce n'est pas étonnant. Si vous décidez de ne voir chez votre femme que des défauts, vous devenez aveugle à tout le reste.

Selon lui, sa cuisine était également vile : soit il y avait trop d'huile de palme, soit pas assez dans les herbes, il y avait du sable dans la chair du poisson, les volailles n'étaient que des os, on disait qu'elle vidait le piment. -de la marmite dans le ragoût, la maison n'était pas propre, il y avait des serpents dans son lit - et ainsi de suite. Puis elle menaça, lorsque sa dure patience s'effondra, de dire à son père s'il ne s'abstenait pas, ce qui l'enragea tellement qu'il prit un gros bâton et la battit si cruellement qu'elle fut presque morte. C'était trop à supporter pour une personne aussi ingrate, et elle résolut de s'enfuir dans les bois et de vivre séparée de toute l'humanité.

Elle avait fait deux bonnes journées de voyage lorsqu'elle aperçut un étang long et large, alimenté par de nombreuses sources et bordé de hauts roseaux recourbés ; et la vue de ce plan d'eau, adossé à de profonds bois tout autour, lui parut si agréable, qu'elle choisit un endroit plat près de sa lisière pour se reposer. Puis elle détacha son panier, s'assit et sortit les choses qu'elle avait apportées et commença à réfléchir à ce qu'on pourrait en faire. Il y avait une hache en forme de coin qui pouvait aussi servir d'herminette, il y avait deux houes, une serpe Basoko pratique, quelques petits filets, une louche, une demi-douzaine de petites courges pleines de grains, un ustensile de cuisine. - une marmite, quelques petits couteaux à poisson, un tas d'amadou, quelques bâtons de feu, un petit bâton de canne à sucre, deux bulbes de banane, quelques perles, des bracelets en fer et de petites boules de cuivre. En examinant toutes ces choses, elle sourit de satisfaction et pensa qu'elle s'en sortirait assez bien. Elle entra ensuite dans la piscine un peu plus loin et y regarda attentivement pendant un moment, et elle sourit de nouveau, comme pour dire « de mieux en mieux ».

Maintenant, avec sa hache, elle coupa un manche de houe, et en peu de temps il fut prêt à l'emploi. En se dirigeant vers le bord de la piscine, elle commença à faire un assez grand trou rond. Elle y travailla jusqu'à ce que le trou soit aussi profond et large que sa propre hauteur ; puis elle enduisait uniformément le fond avec la boue du bord de la piscine, puis elle faisait un grand feu au fond de la fosse, et pendant toute la nuit qui suivit, après quelques clins d'œil de sommeil, elle se levait et se jetait sur plus de carburant. Le lendemain, après avoir rompu son jeûne avec quelques grains cuits dans sa marmite, elle éteignit tout le feu du puits, et partout où une fissure apparaissait dans le fond cuit, elle le remplissait soigneusement, et elle enduit également les côtés. tout autour doucement, et de nouveau elle fit un grand feu dans la fosse et le laissa brûler toute la journée.

Pendant que le feu cuisait le fond et les parois du puits, elle cacha son panier parmi un bouquet de roseaux et explora les environs. Au cours de ses pérégrinations, elle trouva un chemin menant vers le nord et elle le nota. Elle a également découvert de nombreuses noix, des baies rouges sucrées, certaines rondes, d'autres ovales et des fruits qui font le délice des éléphants ; et se chargeant d'autant de ces objets qu'elle pouvait en porter, elle revint, s'assit près de l'embouchure du puits et se rafraîchit. Le dernier travail de la journée consistait à éteindre le feu, à reboucher les fissures au fond et sur les côtés, et à rendre le feu aussi grand que jamais. Elle fit son lit non loin de là, sa hache au côté.

Le lendemain matin, elle résolut de suivre le chemin qu'elle avait découvert la veille, et lorsque le soleil fut bien proche au milieu du ciel, elle apparut tout à coup en vue d'une bananeraie, sur quoi elle recula un peu aussitôt et s'est cachée. Quand l'obscurité fut bien tombée, elle se leva, et pénétrant dans le bosquet, coupa un gros blanc de bananes, avec lequel elle repartit précipitamment le long de la route. Lorsqu'elle arriva à un bâton qu'elle avait posé en travers du chemin, elle sut qu'elle n'était pas loin de la piscine, et elle y resta jusqu'à ce qu'il fasse suffisamment jour pour se diriger vers le puits.

Lorsqu'elle arriva devant son puits, celui-ci était en parfait état, les murs étant aussi solides et bien cuits que sa marmite. Après l'avoir rempli à moitié d'eau, elle fit rôtir quelques bananes et en fit un repas satisfaisant. Puis, prenant sa marmite, elle fit bouillir des bananes et en fit une pâte. Elle vida alors le pot, en enduit abondamment le fond et les côtés avec cette pâte collante, puis, attachant une vigne autour du pot, elle le laissa tomber dans l'étang. Dès qu'il toucha le sol, voilà ! les ménés affluaient avidement dans le récipient pour se nourrir de la pâte. Et tandis qu'Izoka le dressait tout à coup, elle en sortit plusieurs dizaines de vairons, des œufs de poisson-chat et quelques-uns des petits de poissons barbus qui atteignent une taille si immense dans nos eaux. Elle sortait les ménés et les faisait sécher pour servir de nourriture, mais elle jetait dans son puits les petits du chat et du poisson barbu. Elle a ensuite creusé un petit fossé depuis le puits jusqu'à la piscine, et après avoir fait un filet solide et serré d'éclats de canne à travers l'embouchure du fossé, elle a fait un autre fossé étroit pour permettre à un mince filet d'eau de source d'alimenter le puits en eau douce. .

Chaque jour, elle passait un peu de temps à construire une cabane, dans un endroit confortable entouré de brousse, qui n'avait qu'une seule ouverture ; puis elle allait travailler un peu dans un jardin où elle avait planté la canne à sucre coupée en trois parties et les deux bulbes de bananiers, et avait semé son mil, et son sésame, et le maïs jaune qu'elle avait elle apportait les courges et, chaque jour, elle nourrissait soigneusement ses poissons dans le puits. Mais il y avait trois choses qui lui manquaient le plus dans sa solitude : les cris d'un bébé, le gloussement fier de la poule après avoir pondu un œuf et le bêlement d'un chevreau sur le seuil de sa porte. Cela lui fit penser qu'elle pourrait les remplacer par autre chose, et elle médita longuement sur ce que cela pourrait être.

Constatant qu'il y avait un certain nombre d'écureuils terrestres, elle pensa à des collets pour les attraper. Elle fit donc des boucles de vignes minces mais fortes près des racines des arbres et à travers leurs sentiers étroits dans les bois. Et elle réussit enfin à en attraper une paire. Avec d'autres vignes frottées de glu, elle attrapa de jeunes perroquets et des bergeronnettes dont elle coupa les plumes des ailes avec sa serpe. Et un jour, alors qu'elle cueillait des noix et des baies pour ses oiseaux, elle tomba sur un nid de pélican, dans lequel se trouvaient quelques œufs ; et elle résolut de les surveiller jusqu'à ce qu'ils éclosent, puis de les prendre et de les élever. Elle avait trouvé une pleine occupation de son esprit en construisant des cages pour ses écureuils et ses oiseaux et en leur fournissant de la nourriture, et n'avait pas du tout de temps pour le chagrin.

Izoka, cependant, étant très friande des poissons de son puits, consacrait la plupart de ses loisirs à les nourrir, et ils devinrent si apprivoisés et si intelligents qu'ils comprirent les roucoulements d'une chanson étrange qu'elle leur enseignait, comme s'ils étaient des poissons. êtres humains. Elle les nourrit abondamment avec de la pâte à banane, de sorte qu'en quelques mois ils avaient atteint une bonne taille. Peu à peu, ils devinrent trop gros pour le puits, et comme ils étaient parfaitement apprivoisés, elle les sortit et les laissa aller en liberté dans la piscine ; mais ponctuellement, tôt le matin, à midi et au coucher du soleil, elle les appelait et leur donnait leur ration quotidienne de nourriture, car à cette époque elle avait une bonne réserve de bananes et de céréales de sa plantation et de son jardin. Elle appelait Munu, l'un des plus gros poissons, et il était si intelligent et si confiant entre les mains de sa maîtresse qu'il n'aimait pas s'éloigner très loin du quartier ; et si elle mettait ses deux mains dans l'eau, il se reposerait avec contentement dans le creux ainsi formé. Elle avait également enfilé son stock de coquillages et de perles dans des colliers et les avait attachés autour de la queue de son poisson préféré.

Ses autres amis sont devenus aussi apprivoisés que les poissons, car toutes sortes d'animaux apprennent à se débarrasser de leurs peurs à l'égard des humains en échange d'une véritable gentillesse, et lorsqu'aucun choc inquiétant ne les alarme. Et dans ce lieu solitaire, si abrité par des bois protecteurs, où le vent avait à peine la force de bruisser les roseaux courbés et les feuilles pendantes, il n'y avait aucun bruit qui pût inspirer l'effroi aux plus timides.

Si vous essayez, vous imaginerez cette jeune femme Izoka assise par terre au bord de la piscine, entourée de ses amis, comme une mère devant sa progéniture. Dans ses bras un jeune pélican, sur une épaule un perroquet bavard, sur l'autre un écureuil aux yeux perçants, assis sur ses hanches, lui léchant les pattes de devant ; sur ses genoux, un autre jouait avec sa queue touffue, et à ses pieds les bergeronnettes remuaient vivement leurs postérieurs et soulevaient de petites averses de terre poussiéreuse. Entre elle et l'étang, un héron aux longues pattes, pris au piège depuis longtemps, s'est soumis à la bonté de sa maîtresse, et se tient maintenant sur une jambe, comme s'il veillait à sa sécurité. Non loin derrière elle se trouve sa maison boisée, bien remplie de nourriture et de confort, produits de son savoir-faire et de ses soins. Les martinets et les hirondelles des sables volent, se poursuivent joyeusement et font sonner la place de leur cornemuse ; l'eau du bassin est plate et sans rides, sauf devant elle, où les poissons s'agitent parfois, impatients de la visite de leur maîtresse.

See p. 51.

C'est ainsi qu'elle apparut un jour aux yeux cruels de Koku son mari, qui avait aperçu la fumée de son feu alors qu'il marchait par le chemin qui menait au nord. Étant à la fois bûcheron et pêcheur, il avait un métier comme la chasse, et il s'approcha furtivement d'arbre en arbre jusqu'à ce qu'il soit si près qu'il pouvait voir les yeux perçants de l'écureuil sur son épaule, qui la surprit par son mouvements brusques. C'était étrange avec quelle rapidité l'alarme était communiquée de l'un à l'autre. Son frère écureuil regardait d'un côté avec sa queue sur le dos comme une crête, le perroquet tourna un œil vers l'arbre derrière lequel se tenait Koku et parut transpercé, le héron laissa tomber son autre jambe au sol, poussa son cri mélancolique, *Kwa -le* , et laissa tomber sa queue comme s'il allait bondir vers le haut. Les bergeronnettes cessèrent de faire leurs révérences, les pélicans tournèrent leurs longs becs et les posèrent paresseusement le long de leur dos, regardant fixement l'arbre ; et enfin Izoka, avertie par tous ces signes de ses amis, tourna aussi la tête dans la même direction, mais elle ne vit personne, et comme c'était le coucher du soleil, elle emmena ses amis à l'intérieur.

Bientôt, elle ressortit et alla au bord de la piscine avec de la nourriture pour poissons, et roucoulait doucement à ses amis dans l'eau, et les poissons se précipitaient à son appel et se pressaient autour d'elle. Après leur avoir donné à manger, elle s'adressa à Munu, le plus gros poisson, et dit : « Je sors ce soir pour voir si je ne trouve pas un récipient de cuisine abandonné, car le mien est cassé. Méfiez-vous de vous lier d'amitié avec un homme ou une femme qui ne peut pas répéter la chanson que je vous ai apprise », et le poisson répondit en balançant sa queue à droite et à gauche, selon sa manière.

Izoka, qui connaissait désormais les bois de nuit comme de jour, poursuivit son voyage, se doutant peu que Koku l'avait découverte, ainsi que son mode de vie et ses secrets forestiers. Il attendit un peu, puis se glissa jusqu'au bord de la piscine et répéta la chanson qu'elle avait chantée, et aussitôt il y eut une grande ruée de poissons vers lui, dont il fut étonné du nombre et de la taille. Il comprit alors quelle chance de butin il y avait ici pour lui, et il s'enfuit vers le chemin qui mène à l'endroit où il avait laissé ses hommes, et il leur cria : « Venez, hâtez-vous avec moi vers les bois par un grand chemin. piscine, où j'ai découvert plein de poissons.

Ses hommes n'étaient que trop heureux de lui obéir et, à minuit, ils étaient tous arrivés à la piscine. Après les avoir placés en ligne près de lui, leurs lances prêtes à frapper, Koku chanta d'une voix douce la chanson d'Izoka, et les grands et petits poissons sautèrent joyeusement des profondeurs où ils dormaient, et se pressèrent vers le rivage. se jetant les uns sur les autres, et ils restèrent un moment debout, regardant d'un air dubitatif la file d'hommes. Mais bientôt les lances cruelles s'envolèrent de leurs mains, et Munu, la fierté d'Izoka, fut transpercé par plusieurs, puis tué et traîné sur terre par les flèches des armes qui l'avaient tué. Munu fut bientôt découpé, lui et quelques autres de ses camarades, et les hommes, se chargeant de viande, partirent en toute hâte.

Vers le matin, Izoka rentra chez elle avec un chargement de bananes et un récipient de cuisine, et après un court repos et un rafraîchissement, elle nourrit ses amis, les écureuils terrestres, les jeunes pélicans, les perroquets et les hérons, et dispersa une généreuse provision. pour les bergeronnettes, les hirondelles et les martinets ; puis se précipita avec ses primes au bord de la piscine. Mais hélas! près du bord de l'eau, il y avait un spectacle qui la fit presque s'évanouir : il y avait des traces de plusieurs pieds, des roseaux meurtris, du sang, des écailles et des détritus de poisson. Elle roucoulait doucement à ses amis ; ils l'entendirent pleurer, mais s'approchèrent lentement et dubitatifs. Elle a appelé Munu : « Munu-nunu, oh, Munu, Munu, Munu ; » mais Munu n'est pas venu, et les autres se sont tenus loin du rivage, la regardant avec reproche, et ils n'ont pas voulu s'approcher davantage. S'apercevant qu'on se méfiait d'elle, elle se jeta à terre et pleura à chaudes larmes en criant : « Oh ! Munu, Munu, Munu, pourquoi doutes-tu de moi ?

Lorsque le chagrin d'Izoka se fut quelque peu apaisé, elle suivit les traces à travers les bois jusqu'à arriver au chemin, où elles étaient beaucoup plus claires, et là elle découvrit que ceux qui avaient violé sa paisible maison s'étaient dirigés vers Umané. Le soupçon que son mari devait être du nombre ne servit qu'à la mettre encore plus en colère, et elle résolut de suivre les pilleurs et de s'efforcer d'obtenir justice. Elle s'est précipitée sur la piste et après plusieurs heures de voyage rapide, elle a atteint Umané après la tombée de la nuit. Cela favorisa son projet, et elle fut capable de voler, inaperçue, près de la place ouverte devant la maison de son mari, lorsqu'elle vit Koku et ses amis se régaler de poisson, et l'entendit se vanter de sa découverte du beau poisson dans un bassin forestier. Dans sa fureur face à son audacieuse méchanceté, elle fut presque tentée de se précipiter sur lui et de lui trancher la tête avec sa serpe, mais elle se contrôla et s'assit pour réfléchir. Puis elle prit la résolution d'aller voir son père et de réclamer sa protection – un privilège dont elle aurait pu profiter depuis longtemps si sa fierté n'avait pas été blessée par le traitement brutal que sa personne avait reçu de la part de Koku.

Le village de son père n'était qu'à une petite distance d'Umané et, peu de temps après, tous les habitants furent surpris en entendant la voix aiguë de celui que l'on croyait mort depuis longtemps, criant dans l'obscurité les noms d'Uyimba et Twekay. En entendant appeler à plusieurs reprises les noms de leur chef et de sa femme, les hommes saisirent leurs lances et sortirent, et découvrirent, à leur grand étonnement, que Izoka, perdue depuis longtemps, était de nouveau parmi eux et qu'elle souffrait de graves et accablantes blessures. chagrin. Ils l'ont conduite jusqu'à la porte de son père et ont appelé Uyimba et sa femme Twekay à sortir et à la recevoir, disant que c'était une honte que la fierté d'Umané souffre comme une esclave dans le propre village de son père. Le vieil homme et sa femme sortirent en toute hâte, des torches furent allumées et Twekay reçut bientôt dans ses bras sa fille en pleurs.

Dans notre pays nous ne sommes pas très patients face aux nouvelles, et comme tout le monde voulait connaître l'histoire d'Izoka, on l'a fait asseoir sur un bouclier, et raconter toutes ses aventures depuis qu'elle s'était enfuie d'Umané. Les gens écoutaient avec émerveillement toutes les choses étranges qui leur étaient racontées ; mais quand elle raconta la cruauté de Koku, les hommes se levèrent tous ensemble, frappèrent leurs boucliers avec leurs lances, et exigeèrent le châtiment de Koku, et qu'Uyimba les conduise là-bas et ensuite à Umané. Ils se rendirent donc en corps à la ville, à la maison de Koku, et comme il sortait en réponse à l'appel de l'un d'eux, pour s'assurer de ce qui se passait, ils tombèrent sur lui, le ligotèrent les mains et les pieds, et portant à la maison de leur chef supérieur, ils le mirent à son procès. De nombreux témoins se sont présentés pour témoigner contre le traitement cruel qu'il avait infligé à Izoka, ainsi que contre le vol du poisson et la manière dont il avait été commis ; et le grand chef remit la vie de Koku au pouvoir d'Uyimba, dont il avait fait du tort à la fille, qui ordonna aussitôt que Koku soit décapité et que son corps soit jeté dans la rivière. La sentence fut exécutée au bord de la rivière sans perte de temps. Les habitants d'Uman et du village d'Uyimba exigèrent alors que, comme Izoka s'était montrée si intelligente et si douée pour faire obéir les oiseaux, les animaux et les poissons à sa voix, une marque de faveur populaire lui soit accordée. Sur quoi le chef principal d'Umané, au nom de la tribu, lui céda tous les droits sur le Bassin Forestier, et sur le bois et tout ce qui s'y trouvait aux alentours, autant qu'elle pouvait parcourir en une demi-journée, ainsi que tous les biens. dont Koku était possédé.

Izoka, grâce à la faveur de sa tribu, devint ainsi propriétaire d'un vaste district et maîtresse de nombreux esclaves, troupeaux, chèvres et volailles, et de toutes sortes de choses utiles pour établir une colonie au bord du Pool. Il y a maintenant un grand village là-bas, et Izoka est bien connue dans de nombreux pays proches d'Umané et Basoko comme la Reine du Bassin, et aux dernières nouvelles, elle était toujours vivante, prospère et heureuse ; mais on ne l'a jamais vue tenter à nouveau le mariage.

L'histoire de Kassim fut grandement applaudie et il devint aussitôt l'un des favoris des Zanzibariens.

Il fut attiré vers le chef et obligé de s'asseoir à côté de lui. Un Zanzibar lui a donné une poignée de cacahuètes grillées, un autre lui a donné une banane rôtie, tandis qu'un troisième a attisé le feu ; et les compliments qu'il recevait étaient si nombreux, que pour le moment, comme on pouvait le voir, il était bien vaniteux. Lorsqu'un tissu royal Dabwani a été étalé pour inspection et finalement jeté sur ses épaules, nous l'avons vu jeter un regard à Baruti, ce que nous savions signifier : « Ah, ah, Baruti, d'autres peuvent raconter une histoire aussi bien que vous. ! »

Chapitre quatre.

L'éléphant et le lion.

Dans un camp du Haut Congo, en 1877, Chakanja s'est approché de notre feu alors que le récit était sur le point de commencer, et a été immédiatement assiégé par des demandes avides d'un conte de sa part. Comme un chanteur qui prétend toujours avoir un rhume avant de faire plaisir à ses amis avec une chanson, Chakanja avait besoin de plus que quelques supplications ; mais enfin, après avoir juré de ne jamais se souvenir de rien, il consentit à nous gratifier de la légende de l'Éléphant et du Lion.

«Eh bien», répondit-il avec un profond soupir, «si je le dois, je le dois. Vous devez savoir que nous, les Wagandes, aimons trois choses : avoir une gentille épouse, une ferme agréable et entendre de bonnes nouvelles ou une histoire vivante. J'ai entendu de nombreuses histoires dans ma vie, mais contrairement à Kadu, mon esprit ne s'en souvient pas. Les têtes des hommes ne sont pas les mêmes, pas plus que les cœurs des hommes ne se ressemblent. Mais je suppose qu'une mauvaise histoire vaut mieux que rien. Cela me revient comme un rêve, cette histoire de l'Éléphant et du Lion. Je l'ai entendu pour la première fois lors d'une visite chez Gabunga ; mais qui peut le dire comme lui ? Si vous trouvez que l'histoire n'est pas bien racontée, c'est ma faute ; mais alors, ne me blâmez pas trop, ou je croirai devoir vous blâmer demain, quand ce sera à vous d'amuser la fête.

Maintenant, ouvrez vos oreilles ! Un éléphant énorme et colérique est allé errer dans la forêt. Son intérieur était relâché faute de racines juteuses et de roseaux succulents, mais sa tête était aussi pleine de pensées sombres qu'un taon est plein de sang. En regardant de côté et d'autre, il aperçut un jeune lion endormi au pied d'un arbre. Il le regarda un moment, puis, comme il était de mauvaise humeur, il pensa qu'il valait mieux tuer le lion, et il se précipita en avant et l'empala avec ses défenses. Il souleva ensuite le corps avec sa trompe, le balança et le projeta contre l'arbre, puis s'agenouilla dessus jusqu'à ce qu'il devienne aussi informe qu'une pulpe de banane écrasée. Il a ensuite ri et a dit : « Ha ! Ha! C'est une preuve que je suis fort. J'ai tué un lion, et les gens diront des choses fières de moi et s'étonneront de ma force.

Bientôt, un frère éléphant s'approcha et le salua.

« Voyez, dit le premier éléphant, ce que j'ai fait. C'est moi qui l'ai tué. Je l'ai élevé là-haut, et voilà, il gisait comme une banane pourrie. Ne penses-tu pas que je suis très fort ? Allons, soyez franc maintenant et donnez-moi du crédit pour ce que j'ai fait.

L'éléphant numéro 2 répondit : « C'est vrai que tu es fort, mais ce n'était qu'un jeune lion. Il y en a d'autres de son espèce, et je les ai vus, qui vous donneraient beaucoup de peine.

« Hé, hé ! » » rit le premier éléphant, « Sortez, stupide. Vous pouvez amener toute sa tribu ici, et je vous montrerai ce que je peux faire. Ouais ! et à ta mère pour démarrer.

"Quoi? Ma propre mère aussi ?

"Oui. Va la chercher si tu veux.

« Eh bien, eh bien, dit le numéro 2, vous êtes loin, cela ne fait aucun doute. Portez-vous bien.

Le numéro 2 poursuivit ses pérégrinations, résolu dans son esprit que s'il en avait l'occasion, il enverrait quelqu'un pour tester la force du vantard. Non, je l'ai appelé alors qu'il s'éloignait...

« Partez. Au revoir à vous.

Peu de temps après, l'éléphant numéro 2 rencontra un lion et une lionne, des créatures adultes et splendides, qui se révélèrent être les parents du jeune qui avait été tué. Après une conversation conviviale avec eux, il a déclaré :

« Si vous continuez sur le chemin par lequel je suis venu, vous rencontrerez une sorte de jeu qui demande de tuer durement. Il vient de mutiler ton petit.

Pendant ce temps, l'Éléphant numéro 1, après avoir ri avec beaucoup de vanité, se rendit à la piscine voisine pour se baigner et se rafraîchir. À chaque pas qu'il faisait, on pouvait entendre son « Ha, ha, ha ! oh! J'ai tué un lion ! Alors qu'il était dans la piscine, en train de projeter de l'eau en pluie sur son dos, il leva soudain les yeux et aperçut au bord de l'eau un lion et une lionne qui le regardaient sévèrement.

"Bien! Que veux-tu?" Il a demandé. "Pourquoi restes-tu là à me regarder de cette façon?"

« Es-tu le voyou qui a tué notre enfant ? » ils ont demandé.

«Peut-être que je le suis», répondit-il. "Pourquoi veux tu savoir?"

« Parce que nous sommes à sa recherche. Si c'est vous qui l'avez fait, vous devrez nous faire la même chose avant de quitter ce terrain.

« Ho ! ho ! » rit bruyamment l'éléphant. «Eh bien, écoute. C'est moi qui ai tué ton petit. Allons, c'était moi. Vous entendez ? Et si vous ne partez pas d'ici très vite, je devrai vous servir tous les deux de la même manière que je l'ai servi.

Les lions rugissaient de fureur et remuaient violemment leur queue.

« Hé, hé ! » » rit gaiement l'éléphant. «C'est grandiose. Il ne fait aucun doute que je vais bientôt m'enfuir, ils me rendent si timide », et il dansa autour de la piscine et se moqua d'eux, puis but une grande quantité d'eau et la souffla en une douche sur eux.

Les lions ne bougèrent pas, mais le regardèrent fixement, planifiant comment lancer leur attaque.

S'apercevant qu'ils étaient obstinés, il jeta un autre jet d'eau sur les lions, puis recula dans la partie la plus profonde de l'étang, jusqu'à ce qu'on ne voie plus de lui que le bout de sa trompe. Lorsqu'il se releva, les lions le regardaient toujours et n'avaient pas bougé.

« Hé, hé ! » il a claironné : « toujours là ! Attends un peu, je viens vers toi. Il s'avança vers le rivage, mais lorsqu'il fut assez près, le père du lion sauta dans les airs, se posa sur le dos de l'éléphant, déchira furieusement les muscles du cou et mordit profondément l'épaule. L'éléphant se retira rapidement dans la partie la plus profonde de l'étang et se submergea lui-même et son ennemi, jusqu'à ce que le lion soit obligé d'abandonner son dos et de commencer à nager vers le rivage. A peine l'éléphant se sentit-il soulagé qu'il remonta à la surface, suivit précipitamment et saisit le lion avec sa trompe. Malgré ses luttes, il fut pressé sous la surface, traîné sous ses genoux et foulé aux pieds dans la boue, et peu de temps après, le père du lion était mort.

L'éléphant rit triomphalement et s'écria : « Ho, ho ! ne suis-je pas fort, Ma Lion ? Avez-vous déjà vu des gens comme moi auparavant ? Deux de vous! Young Lion et Pa Lion sont maintenant tués ! Allons, Ma Lion, ne ferais-tu pas mieux d'essayer maintenant, juste pour voir si tu n'auras pas plus de chance ? Allez, vieille femme, juste une fois.

La lionne répondit farouchement, alors qu'elle se retirait de la piscine : « Repose-toi où tu es. Je vais retrouver mon frère et je serai de retour sous peu.

L'éléphant claironna son mépris envers elle et ses semblables, et s'emparant de la carcasse de son seigneur, la jeta sur le rivage après elle, et se déclara prêt à rester là où il était, afin de pouvoir écraser toute la famille des lions.

En peu de temps, la lionne trouva son frère, qui était un homme vaillant et combatif. Tandis qu'ils avançaient ensemble près de l'étang, ils se consultèrent sur le meilleur moyen d'atteindre l'éléphant. Puis la lionne s'élança vers le bord de la piscine. L'éléphant s'est retiré sur une courte distance dans des eaux plus profondes. La lionne qui se trouvait dessus se glissait le long de la piscine et faisait semblant de laper l'eau. L'éléphant s'avança vers elle. Le lion attendit son occasion et finalement, avec un grand rugissement, sauta sur ses épaules et commença à s'attaquer à l'endroit même qui avait été déchiré par le père du lion.

"DROVE ONE OF HIS TUSKS THROUGH HIS ADVERSARY'S BODY."

L'éléphant recula rapidement dans les eaux profondes comme il l'avait fait auparavant et se submergea, mais le lion maintint son emprise et mordit plus profondément. L'éléphant s'enfonça alors jusqu'à ce qu'il ne reste plus que le bout de sa trompe, sur lequel le lion, pour éviter l'étouffement, relâcha son emprise et nagea vigoureusement vers le rivage. L'éléphant se leva, et comme le lion arrivait sur le rivage, il le saisit et enfonça une de ses défenses dans le corps de son adversaire ; mais pendant qu'il était en action, la lionne sauta sur le cou de l'éléphant, la mordit et le déchira si furieusement qu'il tomba mort et, dans sa chute, écrasa le lion mourant.

Peu après la fin du terrible combat, l'Éléphant numéro 2 arriva et découvrit la lionne en train de se lécher les babines et les pattes, et dit :

« Bonjour, il semble qu'il y ait eu une sacrée dispute ici ces derniers temps. Trois lions sont morts, et ici repose l'un des miens, raidi.

"Oui", répondit sombrement la lionne, "l'éléphant voyou a tué mon petit pendant que le petit bonhomme dormait dans les bois. Il a ensuite tué mon mari et mon frère, et je l'ai tué ; mais je ne pense pas que l'éléphant ait gagné grand-chose à combattre avec nous. Je n'ai pas eu beaucoup de mal à le tuer. Si vous rencontrez des amis, vous pouvez les avertir de laisser la lionne tranquille, ou elle pourrait être tentée de n'en faire qu'une bouchée.

L'Éléphant numéro 2, bien qu'il soit généralement patient, fut ennuyé par cela et lui donna un coup de pied soudain avec l'une de ses pattes arrière, ce qui l'envoya s'étaler à bonne distance, et demanda :

« Comment trouves-tu ça, Ma Lion ? »

"Que veux-tu dire par là?" » demanda la lionne enragée.

"Oh, parce que je déteste entendre autant de vantardises."

« Veux-tu aussi te battre ? » elle a demandé.

"Nous ne devrions jamais parler de faire une chose impossible, Ma Lion", répondit-il. « J'ai voyagé de nombreuses années à travers ces bois et je n'ai encore jamais combattu. Je trouve que lorsqu'une personne s'occupe de ses propres affaires, elle a rarement des ennuis, et quand j'en rencontre quelqu'un qui est encore plus fort que moi, je le salue agréablement et je m'en vais, et je devrais te conseiller de faire de même, Ma Lion.

« Tu es impertinent, Éléphant. Ce serait bien que tu penses à ton stupide frère qui se trouve là sous ton nez, avant de déranger par ton insolence celui qui l'a tué.

« Eh bien, les mots n'ont encore jamais fait de plantation ; c'est le maniement d'une houe qui fait les champs. Tu vois, Ma Lion, si je te parlais toute la journée, je ne pourrais pas te rendre sage. Je vais juste vous tourner le dos. Si tu me mords, tu découvriras bientôt à quel point tu es faible.

La lionne, irritée encore plus par le mépris de l'éléphant, sauta sur ses épaules et s'accrocha à lui, sur lequel il se précipita sur un gros arbre, et pressant ses épaules contre lui, lui écrasa le souffle et elle cessa ses luttes. . Lorsqu'il relâcha sa pression, le corps tomba au sol, et il s'agenouilla dessus et le pétrit jusqu'à ce que tous les os soient brisés.

Pendant que l'éléphant méditait sur le corps et réfléchissait aux malheurs qui arrivent aux vantards, un homme arriva, portant une lance, et voyant que l'éléphant ignorait sa présence, il pensa quelle grande chance lui était arrivée.

Il dit : « Ah, quelles belles défenses il a. Je serai riche avec eux, j'achèterai des esclaves et du bétail, et avec cela j'aurai une femme et une ferme, » disant ce qu'il avança silencieusement, et quand il fut assez près, il lança sa lance dans un endroit derrière l'épaule.

L'éléphant se retourna rapidement et, voyant son ennemi se précipita après lui, le rattrapa et le mutila, jusqu'à ce qu'en quelques instants il ne soit plus qu'un cadavre mutilé.

Peu de temps après, une femme s'approcha et voyant quatre lions, un éléphant et son mari morts, elle leva les mains avec étonnement et s'écria : « Comment tout cela est-il arrivé ? L'éléphant, entendant sa voix, sortit de derrière un arbre, avec une lance tremblante au côté et saignant abondamment. A sa vue, la femme se retourna pour voler, mais l'éléphant lui cria : « Non, ne cours pas, femme, car je ne peux te faire aucun mal. Les jours heureux dans les bois sont terminés pour toutes les tribus. Le souvenir de cette scène ne sera jamais oublié. Les animaux seront désormais en guerre constante les uns contre les autres. Les lions ne salueront plus les éléphants, les buffles seront timides, les rhinocéros vivront séparés, et l'homme, lorsqu'il entrera dans l'ombre, ne pensera à rien d'autre qu'à ses terreurs, et il imaginera un ennemi dans chaque ombre. Je suis gravement blessé, car ton homme s'est glissé à mes côtés et m'a enfoncé sa lance, et bientôt je mourrai.

Lorsqu'elle eut entendu ces paroles, la femme se hâta de rentrer chez elle, et tous les villageois, vieux et jeunes, se précipitèrent dans les bois, près de l'étang, où ils trouvèrent quatre lions, deux éléphants et un de leur propre tribu étendus immobiles et sans vie.

Les paroles de l'éléphant se sont révélées vraies, car de nos jours, personne ne va dans les bois silencieux et déserts sans avoir l'impression que quelque chose le hante, il pense aux gobelins et sursaute à chaque bruit. Hors des ombres qui se déplacent avec le soleil, les formes semblent ramper et les fantômes semblent glisser, et nous sommes en fièvre presque à cause des horribles illusions de l'imagination. Nous respirons vite et avons peur de parler, car la moindre vibration dans le silence nous énerverait. Je dis la vérité, car lorsque je suis dans les bois près de la nuit, nagent devant mes yeux une multitude de choses terribles que je ne vois jamais à la lumière du jour. L'éclair d'une luciole est un fantôme, le chant d'une grenouille devient un rugissement effrayant, le sifflement soudain d'un oiseau signale un meurtre et je cours. Non non; pas de bois pour moi quand je suis seul.

Et Chakanja se leva et se rendit dans ses propres quartiers, secouant solennellement la tête. Mais nous avons tous souri à Chakanja et pensé à quel point il serait terriblement effrayé si quelqu'un se levait soudainement de derrière un buisson sombre et criait « Bouh ! à lui.

Chapitre cinq.

Le roi Gumbi et sa fille perdue.

Nous étions tous rassemblés autour du feu, comme d'habitude, lorsque Safeni, le sage barreur, s'est exclamé : « Voyez ici, les garçons ; ne pensez-vous pas que, de temps en temps, il serait bon d'entendre quelque légende liée aux hommes et aux femmes ? Je vote pour que l'un d'entre vous qui nous a amusé avec des histoires de lions et de léopards fouille sa mémoire et raconte à la compagnie une histoire courageuse sur un fils d'Adam. Viens, toi Katembo, que les Manyema n'aient pas de légendes !

«Eh bien, oui, nous l'avons fait; mais mes oreilles ont été si ouvertes jusqu'ici que ma langue a presque oublié son utilité, et je crains qu'après les douces et délicieuses histoires de Kadu, vous ne me croyiez pas expert en langage. Cependant, et si vous voulez en entendre parler, je peux vous raconter la légende de Gumbi, l'un de nos rois d'autrefois, et de sa fille.

« Parlez, parlez, Katembo », criait la compagnie ; "écoutons une légende Manyema ce soir."

Katembo, après cette invitation générale, s'éclaircit la gorge, rapprocha la plante de ses pieds du feu, et, au milieu d'un silence respectueux, parla ainsi :

On croyait autrefois que si la fille d'un roi avait le malheur de se rendre coupable de dix erreurs, elle en souffrirait pour la moitié et son père serait puni pour le reste. Or, le roi Gumbi avait récemment épousé dix femmes, et tout à coup cette vieille croyance des anciens au sujet des problèmes avec les filles lui vint à l'esprit, et il donna un ordre, qui devait être obéi sous peine de mort, que si des enfants de sexe féminin Si lui naissait, ils devraient être jetés dans le Lualaba et noyés, car, dit-il, « les morts ne sont pas tentés de se tromper, et j'échapperai au mal ».

Pour éviter les reproches de ses femmes, à cause de l'ordre cruel, le roi pensa s'absenter, et il emmena avec lui une nombreuse suite et alla visiter d'autres villes de son pays. Quelques jours après son départ, il lui naquit cinq fils et cinq filles. Quatre des enfants de sexe féminin furent immédiatement éliminés selon l'ordre du roi ; mais quand la cinquième fille naquit, elle était si belle, et avait de si grands yeux, et sa couleur était douce, si comme une banane mûre, que la nourrice en chef hésita, et comme la mère plaidait si fort pour la vie de son enfant, elle elle décida que le petit enfant devait être sauvé. Quand la mère put se lever, la nourrice l'emporta secrètement, pendant la nuit. Au matin, la reine se trouva dans une forêt sombre et, étant seule, elle commença à parler toute seule, comme on le fait généralement, et un perroquet gris avec une belle queue rouge arriva en volant et demanda : « Qu'est-ce que tu as ? vous dites : ô Miami ?

Elle répondit et dit : « Ah, beau petit perroquet, je réfléchis à ce que je devrais faire pour sauver la vie de mon petit enfant. Dites-moi comment je peux la sauver, car Gumbi souhaite détruire toutes ses filles.

Le perroquet répondit : « Je suis très triste pour toi, mais je ne sais pas. Demandez au prochain perroquet que vous verrez », et il s'envola.

Un deuxième perroquet encore plus beau volait vers elle en sifflant et en criant joyeusement, et la reine éleva la voix et cria :

« Ah, petit perroquet, arrête-toi un peu et dis-moi comment je peux sauver la vie de mon doux enfant ; car le cruel Gumbi, son père, veut le tuer.

« Ah, maîtresse, je ne peux pas le dire ; mais il y en a un qui vient derrière moi et qui sait ; demandez-lui », et il s'est également envolé vers ses repaires de la journée.

Puis on vit le troisième perroquet voler vers elle, et il fit sonner la forêt de son joyeux sifflement, et Miami s'écria encore :

"Oh, reste, petit perroquet, et dis-moi de quelle manière je peux sauver mon adorable enfant, car Gumbi, son père, a juré de le tuer."

« Livrez-le-moi », répondit le perroquet. "Mais laissez-moi d'abord y mettre une petite tige de banane et deux morceaux de canne à sucre, puis je le porterai sain et sauf à sa grand-mère."

Le perroquet délivra la reine de son enfant et vola dans les airs en hurlant plus joyeusement qu'auparavant, et en peu de temps il posa la petite princesse, sa tige de banane et deux morceaux de canne à sucre sur les genoux de la grand-mère, qui était assise à la porte de sa maison et dit :

« Ce paquet contient un cadeau de votre fille, épouse de Gumbi. Elle vous ordonne d'en faire attention et de ne laisser aucun membre de votre propre famille le voir, de peur qu'elle ne soit tuée par le roi. Et pour vous souvenir de ce jour, elle vous demande de planter dans votre jardin à une extrémité la tige de bananier, et à l'autre extrémité les deux morceaux de canne à sucre, car vous pourriez avoir besoin des deux.

"Vos paroles sont bonnes et sages", répondit grand-mère en recevant le bébé.

En ouvrant le paquet, la vieille femme découvrit une fillette extrêmement jolie, dodue et jaune comme une banane mûre, avec de grands yeux noirs et de tels sourires sur son visage clair que le cœur de la grand'mère brillait d'affection pour elle.

De nombreuses saisons se sont succédées. Aucun étranger n'est venu poser des questions. La banane prospérait et devenait un bosquet, et chaque pousse marquait le passage d'une saison, et la canne à sucre prospérait également prodigieusement au fur et à mesure que les années passaient et que l'enfant devenait une petite fille. Lorsque la princesse était devenue une belle jeune fille, la grand-mère était devenue si vieille que les événements d'autrefois lui semblaient être comme autant de rêves, mais elle adorait toujours l'enfant de son enfant, cuisinait pour elle, la servait, en tissait de nouveaux. des nattes d'herbe pour son lit et de fines toiles d'herbe pour sa robe, et chaque soir avant de se coucher, elle lavait ses pieds délicats.

Puis un jour, avant que ses oreilles ne fussent complètement fermées par l'âge et que ses membres ne fussent devenus trop faibles pour la porter, le perroquet qui lui avait amené l'enfant, vint se poser sur une branche près de sa porte, et après avoir sifflé et sifflé son salut, s'écria : « Le moment est venu. La fille de Gumbi doit partir et chercher son père. Donnez-lui un petit tambour, apprenez-lui une chanson à chanter pendant qu'elle la bat et envoyez-la.

Alors grand-mère lui acheta un petit tambour et lui apprit une chanson, et lorsqu'elle fut pleinement instruite, elle prépara un nouveau canoë avec de la nourriture - avec les bananes du bosquet et le champ de canne à sucre, et elle fit des coussins avec des sacs en toile d'herbe remplis de fil de soie et de coton sur lesquels elle pouvait se reposer. Quand tout fut prêt, elle embrassa sa petite-fille et, avec beaucoup de larmes, la renvoya sur la rivière avec quatre servantes.

Grand-mère resta longtemps debout au bord de la rivière, regardant le petit canoë disparaître avec le courant, puis elle se tourna et entra dans l'embrasure de la porte, s'asseyant, ferma les yeux et commença à penser à la vie agréable qu'elle avait vécue en servant l'enfant de Miami. ; et ce faisant, elle était si heureuse qu'elle souriait, et pendant qu'elle souriait, elle dormait et ne se réveillait plus jamais.

"SENT HER AWAY DOWN THE RIVER."

Mais la princesse, tandis qu'elle descendait et baignait ses yeux brûlés par le chagrin, commença à penser à tout ce que grand-mère lui avait appris et se mit à chanter d'une voix flûtée, tout en battant son petit tambour :

"Écoutez, vous tous,
la chanson que je chante. Je suis l'enfant de Gumbi, élevé
dans la nature; et je rentre à la maison, comme vous

l'apprendrez tous, quand mon petit tambour dit à Gumbi
que je suis venu, viens, viens."

Le son de son tambour attira l'attention des pêcheurs qui s'occupaient de
leurs filets, et voyant une étrange pirogue avec seulement cinq femmes à bord
qui flottait sur la rivière, ils s'en approchèrent, et voyant combien la princesse
était belle, et remarquant sa silhouette gracieuse et souple, vêtue de robes de
fines étoffes, ils étaient enclins à lui imposer la main. Mais elle a encore
chanté—

"Je   suis   l'enfant   de   Gumbi,
faites-moi place; je suis sur le chemin du retour, faites-moi
place."

Alors les pêcheurs ont eu peur et ne l'ont pas agressée. Mais un homme,
désireux d'être le premier à porter la nouvelle au roi et d'en obtenir faveur et
récompense, s'empressa de lui annoncer que sa fille venait lui rendre visite.

La nouvelle plongea le roi Gumbi dans un état d'émerveillement, car, ayant
pris tant de peine à détruire toutes les filles, il ne pouvait pas imaginer
comment il pouvait être père d'une fille.

Puis il envoya un esclave rapide et confidentiel pour s'enquérir, qui revint
bientôt et l'assura que la jeune fille qui venait vers lui était sa propre vraie fille.

Puis il envoya un homme qui avait grandi avec lui et qui savait tout ce qui
s'était passé à sa cour ; et il revint également et confirma tout ce que l'esclave
avait dit.

Sur ce, il résolut d'y aller lui-même, et lorsqu'il la rencontra, il lui demanda :

« Qui es-tu, mon enfant ? »

Et elle a répondu : « Je suis la fille unique de Gumbi. »

« Et qui est Gumbi ?

« Il est le roi de ce pays », a-t-elle répondu.

"Eh bien, mais je suis moi-même Gumbi, et comment peux-tu être ma fille
?" Il a demandé.

« Je suis l'enfant de ta femme, Miami, et après ma naissance, elle m'a caché
pour que je ne sois pas jeté dans la rivière. J'ai vécu avec grand-mère, qui m'a
nourri, et au nombre de tiges de bananiers dans son jardin tu peux deviner le
nombre de saisons qui se sont écoulées depuis ma naissance. Un jour, elle me
dit que le moment était venu et elle m'envoya chercher mon père ; et je me
suis embarqué dans le canot avec quatre serviteurs, et la rivière m'a porté
jusqu'à cette terre.

« Eh bien, » dit Gumbi, « quand je rentrerai chez moi, j'interrogerai Miami, et je découvrirai bientôt la vérité de ton histoire ; mais en attendant, que dois-je faire pour toi ?

"Ma grand-mère a dit que tu devais sacrifier une chèvre à la rencontre de la fille avec le père", répondit-elle.

Alors le roi lui demanda de marcher sur le rivage, et quand il vit l'éclat de ses pieds jaunes et les lueurs de son corps, qui étaient comme de la gomme brillante et brillante, il regarda ses traits clairs et lisses et regarda le merveilleux yeux noirs, le cœur de Gumbi fondit et il fut rempli de fierté qu'une créature aussi incroyablement belle soit sa propre fille.

Mais elle refusa de poser les pieds sur le rivage tant qu'une autre chèvre n'aurait pas été sacrifiée, car sa grand-mère avait dit que le malheur lui arriverait si ces cérémonies étaient négligées.

C'est pourquoi le roi ordonna d'égorger deux chèvres, l'une pour rencontrer sa fille, et l'autre pour chasser le malheur de devant elle dans le pays où elle poserait d'abord ses pieds.

Lorsque cela fut fait, elle dit : « Maintenant, père, il n'est pas convenable que ta fille retrouvée se salisse les pieds sur le chemin qui mène à la maison de son père. Tu devras étendre une toile d'herbe sur le sol jusqu'à la porte de ma mère.

Le roi ordonna alors qu'une toile d'herbe soit étendue le long du chemin menant aux quartiers des femmes, mais il ne précisa pas à quelle porte. Sa fille s'avança alors, le roi à ses côtés, jusqu'à ce qu'elles arrivent en vue de toutes les femmes du roi, et alors Gumbi leur cria : « L'une d'entre vous, m'a-t-on dit, est la mère de cette fille. Regardez-la et n'ayez pas honte de la posséder, car elle est parfaite comme l'œuf. À sa première vue, je me suis senti comme un homme plein de douceur, alors que la mère s'avance et la réclame, et qu'elle ne se détruise pas par un mensonge.

Maintenant, toutes les femmes se penchaient et avaient envie de dire : « Elle est à moi, elle est à moi ! » mais Miami, qui était malade et faible, s'assit à la porte et dit :

"Continuez le tapis jusqu'à ma porte, car comme je sens que mon cœur est lié à elle comme par une corde, ce doit être l'enfant que le perroquet a porté à ma mère avec une tige de banane et deux morceaux de canne à sucre."

« Oui, oui, tu dois être ma propre mère », s'écria la princesse ; Et quand le gazon fut étendu jusqu'à l'intérieur de la maison, elle courut en avant et croisa ses bras autour d'elle.

Quand Gumbi les vit ensemble, il dit : « En vérité, les égaux se réunissent toujours. Je vois maintenant à bien des égards que la princesse doit avoir raison. Mais elle ne restera pas longtemps avec moi, je le crains, car une fille de roi ne peut rester plusieurs lunes sans prétendants.

Même si Gumbi considérait comme une bagatelle de détruire des enfants qu'il n'avait jamais vus, il ne lui était jamais venu à l'esprit de blesser Miami ou la princesse. Au contraire, il était rempli d'une joie dont il ne se lassait pas de parler. Il était encore plus fier de sa fille, dont les belles formes et les yeux limpides le charmaient tant, que de tous ses grands fils. Il le prouva par les fêtes qu'il fit offrir à tout le peuple. Les chèvres étaient rôties et cuites, les pêcheurs apportaient des poissons en nombre incalculable, les paysans arrivaient chargés de lourds régimes de bananes, et de paniers d'ignames et de manioc, et de pots pleins de haricots, et de vesces, et de mil et de maïs, et de miel et de palmiers. l'huile, et quant aux volailles, qui pourrait les compter

? Le peuple buvait aussi beaucoup du jus du palmier, et c'est ainsi qu'il se réjouissait avec le roi du retour de la princesse.

Il fut bientôt répandu dans tout Manyema qu'aucune femme n'était comme la fille de Gumbi en termes de beauté. Certains disaient qu'elle avait la couleur d'une banane mûre, d'autres qu'elle ressemblait à de la gomme fossile, d'autres encore à une noix d'huile rougeâtre, et d'autres encore que son visage ressemblait plus à la couleur de la lune qu'autre chose. L'effet de cette réputation fut d'amener presque tous les jeunes chefs du pays à prétendre à sa main. Beaucoup d'entre eux auraient plu au roi, mais la princesse leur était opposée et elle fit savoir qu'elle n'épouserait personne sauf le jeune chef qui pouvait produire des matako (tiges de laiton) en se polissant les dents. Le roi en fut très amusé, mais les chefs restèrent surpris en entendant cela.

Le roi rassembla les meilleurs jeunes hommes du pays, et il leur dit qu'il était inutile pour quiconque d'espérer épouser la princesse s'il ne pouvait pas laisser tomber des tiges de cuivre en se frottant les dents. Bien qu'ils croyaient impossible que quiconque puisse faire une telle chose, chacun d'eux commença à se frotter les dents avec force, et ce faisant, voilà ! On vit des tiges d'airain tomber à terre de la bouche de l'un d'eux, et le peuple poussa un grand cri d'étonnement.

La princesse fut alors amenée en avant, et tandis que le jeune chef se levait, il continuait à se frotter les dents, et on entendait tinter les tiges de cuivre en tombant à terre. Le mariage fut donc dûment célébré, et une autre série de fêtes suivit, car le roi était riche en troupeaux de chèvres et de moutons, en champs bien cultivés et en esclaves.

Mais après que la première lune eut décliné et disparu, le mari dit : « Viens maintenant, partons, car la terre de Gumbi n'est pas une maison pour moi. »

Et à l'insu de Gumbi, ils se préparèrent à fuir et chargeèrent leur canot avec tout ce qui était nécessaire pour un long voyage. Une nuit, peu après la tombée de la nuit, ils s'embarquèrent et descendirent la rivière en pagayant. Un jour, la princesse, alors qu'elle était assise sur ses coussins, aperçut une curieuse noix flottant près du canot, sur laquelle elle sauta dans la rivière pour la récupérer. Cela lui échappait. Elle nagea après lui, et le chef la suivit de son mieux, lui criant de retourner au canot, car il y avait des animaux dangereux dans l'eau. Mais elle n'y prêta aucune attention et continua à nager après la noix, jusqu'à ce qu'elle arrive en face d'un village, la princesse fut saluée par une vieille femme qui lui cria : « Oh, princesse, j'ai ce que tu cherches. Voir." Et elle tenait la noix dans sa main. Alors la princesse débarqua et son mari amarra son canot jusqu'à la rive.

"Donnez-le-moi", demanda la princesse en lui tendant la main.

"Il y a une chose que tu dois faire pour moi avant de pouvoir l'obtenir."

"Qu'est-ce que c'est?" elle a demandé.

« Tu dois poser tes mains sur mon sein pour me guérir de ma maladie. C'est seulement ainsi que tu pourras l'avoir, dit la vieille femme.

La princesse posa les mains sur son sein, et ce faisant, la vieille femme fut guérie de sa maladie.

« Maintenant tu peux partir en voyage, mais souviens-toi de ce que je te dis. Toi et ton mari devez vous tenir près de ce côté de la rivière jusqu'à ce que vous arriviez à la hauteur d'une île qui est au milieu de l'entrée d'un grand lac. Car le rivage que tu cherches est de ce côté. Une fois là-bas, tu trouveras la paix et le repos pendant de nombreuses années. Mais si tu vas de l'autre côté du fleuve, tu seras perdu, toi et ton mari.

Puis ils rembarquèrent, et la rivière coulait droit et tranquille devant eux. Au bout de quelques jours, ils découvrirent que le côté où ils se trouvaient était inhabité et que leurs provisions étaient épuisées, mais que l'autre côté était cultivé et possédait de nombreux villages et plantations. Oubliant les conseils de la vieille femme, ils traversèrent la rivière jusqu'à la rive opposée, et ils admirèrent la beauté du pays, et se réjouirent des odeurs qui provenaient des jardins et des plantations, et ils écoutèrent rêveusement les vents qui se froissaient et ils jetèrent les grandes feuilles de bananiers et s'imaginèrent qu'ils n'avaient pas vu de ciel aussi bleu. Et pendant qu'ils rêvaient ainsi, voilà ! le courant de la rivière les entraînait tous deux rapidement, et ils aperçurent l'île qui était à l'entrée du grand lac, et en un instant la beauté de la terre qui les avait charmés s'était éteinte, et ils entendirent maintenant le grondement tonitruant de les eaux, et je les vis monter en grandes vagues, et une grande vague se courber sous elles, et elles s'élevèrent, s'élevèrent, s'élevèrent et tombèrent dans l'abîme rugissant, et ni le chef ni la princesse ne furent jamais revus. Ils furent tous deux engloutis dans les profondeurs.

"Est -*ce* tout?" » a demandé Safeni, qui écoutait l'histoire à bout de souffle.

"C'est tout", répondit Katembo.

"Eh bien, quel genre d'histoire est-ce, qui se termine de cette façon ?"

"Ce n'est pas le mien", répondit Katembo. "Le récit a été conforme aux paroles que j'ai entendues, et il n'est pas bon de modifier une histoire."

"Alors quel est l'objet d'une telle histoire ?" demanda Safeni d'un ton irritable.

« Eh bien, pour avertir les gens de ne pas suivre leurs inclinations. La fille n'a-t-elle pas retrouvé son père ? Son père ne l'a-t-il pas accueilli et n'a-t-il pas pardonné à la mère avec une grande joie ? N'a-t-on pas trouvé pour elle le choix d'un mari ? Le jeune chef n'était-il pas heureux de posséder une si belle épouse ? Pourquoi auraient-ils dû devenir mécontents ? Pourquoi ne pas être restés chez eux au lieu d'errer dans des contrées étranges dont ils ne connaissaient rien ? La vieille femme ne les a-t-elle pas prévenus de ce qui allait arriver et ne leur a-t-elle pas montré comment ils pourraient vivre à nouveau en paix ? Mais tout cela n'a servi à rien. Nous ne connaissons jamais la valeur de quelque chose tant que nous ne l'avons pas perdu. La ruine suit toujours le volontaire. Ils quittèrent leur maison et se dirigèrent vers la rivière, la rivière n'était pas tranquille, mais continuait son chemin, et comme leurs têtes étaient déjà pleines de leurs propres pensées, ils ne pouvaient pas suivre les conseils. Mais Katembo est terminé.

Chapitre six.

L'histoire de Maranda.

"Maître", dit Baruti, "j'ai essayé de me souvenir de certaines des autres légendes que j'entendais quand j'étais très petit, et je m'en souviens maintenant d'une, qui n'est pas très longue, à propos de Maranda, épouse de l'un des les guerriers Basoko, appelés Mafala.

Le père de Maranda s'appelait Sukila et vivait dans le village du chef Busandiya. Sukila possédait un beau et grand canot et de nombreuses pagaies qu'il avait sculptées de sa propre main. Il possédait également plusieurs longs filets qu'il fabriquait lui-même, outre des lances, des couteaux, un stock de toiles d'herbe et quelques esclaves. Il était très respecté par ses compatriotes et siégeait aux côtés du chef dans la place du conseil.

Comme la jeune fille devenait apte au mariage, Mafala pensa qu'elle lui conviendrait comme épouse et alla en parler à Sukila, qui exigea une esclave, six longues pagaies ornées de bonnets d'ivoire, six chèvres, autant d'herbes. des vêtements comme il avait les doigts et les orteils, un nouveau bouclier, deux haches et deux houes. Mafala a essayé de réduire la demande et a fait plusieurs allers-retours pour fumer la pipe avec Sukila et le rendre moins exigeant. Mais le vieil homme savait que sa fille valait le prix qu'il lui avait demandé, et que s'il refusait Mafala, elle ne resterait pas longtemps sans prétendant. Car une fille comme Maranda n'est pas souvent vue parmi les Basokos. Ses membres étaient ronds et lisses et se terminaient par de petites mains et de petits pieds. Les jeunes hommes parlaient souvent des pieds légers et droits de Maranda et de sa démarche rapide. Le bras d'un garçon pouvait facilement enserrer la taille fine, et la manière dont elle portait sa tête, ainsi que le cou souple et le regard clair de ses yeux n'appartenaient qu'à Maranda.

Mafala, en revanche, ne lui ressemblait curieusement pas. Il semblait toujours attaché à quelque chose, et les rides entre les sourcils lui donnaient un visage sévère, peu agréable à voir, et on remarquait toujours quelque chose dans ses yeux qui faisait penser à l'éclat qui est dans l'œil d'un serpent.

C'était peut-être une des raisons pour lesquelles Sukila ne se souciait pas de l'avoir pour mari de sa fille. Quoi qu'il en soit, il ne voulut pas réduire son prix d'un morceau de tissu, et finalement il fut payé, et Maranda passa de la maison de son père à celle de son mari.

Peu de temps après, on entendit crier le mariage de Maranda, et on murmurait qu'elle avait appris beaucoup de choses sur Mafala en quelques jours et qu'on avait entendu des coups comme ceux d'une verge. Une demi-lune s'est écoulée, et alors tout le village a su que Maranda avait fui vers la maison de

Busandiya, à cause des mauvais traitements infligés par son mari. Or, la coutume en pareil cas est que le père garde la dot de sa fille, et s'il est vrai qu'une femme trouve la vie avec son mari trop dure à supporter, elle peut demander la protection du chef, et le chef peut la donner à un autre. mari qui la traitera correctement.

Mais avant que le chef ait choisi l'homme à qui il la donnerait, Mafala se rendit chez un crocodile - car il s'avéra que c'était un Mganga, un sorcier qui avait affaire aux reptiles terrestres ainsi qu'aux monstres de la terre. la rivière, et il marchanda avec elle pour l'attraper alors qu'elle venait à la rivière pour se laver, et la transporter jusqu'à un certain endroit sur la rive de la rivière où il y avait un grand arbre avec un grand trou dedans.

Le crocodile tenta sa chance, et un matin, alors que Maranda visitait l'eau, il la saisit par la main, la traîna sur son dos et la porta jusqu'à la cachette dans l'arbre creux. Il la laissa alors là, descendit à la nage en face du village et fit signe à Mafala qu'il avait rempli sa part du marché.

Au départ du crocodile, Maranda regarda autour du trou et vit qu'elle se trouvait dans une sorte de fosse, mais qu'au loin, le creux se rétrécissait comme le col d'une gourde, et elle pouvait voir du feuillage et un peu de ciel. Elle décida de grimper et, même si elle se gratta beaucoup, elle parvint finalement à atteindre le sommet et à ramper dehors dans les airs. L'arbre était très grand et élevé, et ses branches s'étendaient au loin, et elles étaient chargées du fruit lourd dont les éléphants sont si friands (le jacquier). Au début, elle pensa qu'elle ne pouvait pas mourir de faim à cause de tant de ces gros fruits ; puis, comme ils étaient gros et lourds, elle conçut l'idée qu'ils pourraient être utiles pour se défendre, et elle en ramassa un grand nombre, et les posa en tas sur des bâtons qu'elle avait posés en travers des branches.

Peu à peu, Mafala arriva, la trouva au milieu du feuillage et, après l'avoir raillée, se mit à grimper à l'arbre. Mais alors qu'il n'était qu'à mi-hauteur, Maranda souleva un des fruits lourds et le jeta sur sa tête, et il tomba à terre, les sens en ébullition et le dos gravement meurtri. Lorsqu'il se remit, il supplia le crocodile de l'aider et il essaya de grimper, mais après avoir grimpé un peu, Maranda laissa tomber un fruit de l'éléphant sur son museau, ce qui le fit tomber en arrière. Mafala supplia alors deux grands serpents de monter et de la faire descendre, mais Maranda les rencontra l'un après l'autre avec les lourds fruits, et ils furent heureux de la laisser tranquille. Alors l'homme partit à la recherche d'un léopard, mais pendant son absence, Maranda, de son arbre, aperçut sur la rivière un canot avec deux jeunes pêcheurs à l'intérieur, et elle cria fort à l'aide. Les pêcheurs ont pagayé près du rivage et ont découvert que c'était la fille de Sukila, l'épouse de Mafala, qui était seule sur un grand arbre. Ils ont attendu assez longtemps pour entendre son histoire, puis sont retournés au village pour obtenir de l'aide.

Busandiya fut très étonnée d'apprendre la nouvelle des pêcheurs et envoya aussitôt un canot de guerre rempli d'hommes armés, menés par son père, Sukila, pour la secourir. Au moyen de grimpeurs en rotin, ils parvinrent à l'atteindre et à la faire descendre en toute sécurité. Pendant que certains des guerriers partaient à la découverte de Mafala, les autres guettaient le crocodile et les deux serpents. Peu de temps après, l'homme cruel fut aperçu et attrapé, et il fut amené au bord de la rivière, lié avec des liens verts. Ses jambes et ses bras étaient fermement liés ensemble, et, après que les Basoko eurent fait répéter à Maranda son histoire depuis le début et que Sukila eut raconté le déroulement du mariage, ils cherchèrent de grosses pierres qu'ils attachèrent à son cou ; et, le soulevant dans le canot de guerre, ils pagayèrent jusqu'au milieu du ruisseau, où ils chantèrent un chant de mort ; après quoi ils ont jeté Mafala par-dessus bord et on n'a plus jamais entendu parler de lui. C'est tout ce qu'il y a de l'histoire de Maranda.

Chapitre sept.

L'histoire de Kitinda et de son chien sage.

Une autre nuit, Baruti, dont la mémoire fut rafraîchie par la récompense qui suivit une histoire digne d'être écrite dans le livre du Maître, nous parla de Kitinda et de son sage chien, si bien que, d'un commun accord, il fut acclamé comme l'un des meilleurs parmi les conteurs.

Mais cela ne m'a pas été aussi bien répété alors que j'avais mon crayon à la main qu'il l'avait livré au feu de camp. Cela le dérangeait qu'on lui demande de me dicter un peu plus lentement, et il montrait des signes évidents d'inattention lorsqu'on lui demandait de répéter une phrase deux fois. Tout ce que je peux me flatter, c'est qu'il contient le sens de ce qui a été dit.

Kitinda, une femme des Basoko, près de la rivière Aruwimi, possédait un chien remarquable par son intelligence. On disait qu'il était si intelligent que les étrangers comprenaient ses mouvements aussi bien que s'il leur parlait ; et que Kitinda, familière avec ses manières et le ton de ses gémissements, de ses jappements et de ses aboiements, pouvait converser avec lui aussi facilement qu'elle le pouvait avec son mari.

Un jour de marché, la maîtresse et son chien convinrent d'y aller ensemble, et en chemin elle lui dit tout ce qu'elle comptait faire et dire en échangeant ses produits contre d'autres articles dont elle avait besoin chez elle. Son chien l'écouta avec sympathie, puis, à sa manière, il lui exprima combien était grand son attachement pour elle et combien il n'y avait jamais eu d'ami tel qu'il pouvait l'être ; et il la supplia que, si jamais elle était en détresse, elle le lui dise, et qu'il la servirait de toutes ses forces. « Seulement, dit-il, si je n'avais pas peur des conséquences d'être trop intelligent, j'aurais pu vous servir plus souvent et bien plus que je ne l'ai fait.

"Que veux-tu dire?" dit Kitinda.

«Eh bien, vous savez, chez les Basoko, on suppose que si l'on est trop intelligent, ou trop chanceux, ou trop riche, cela est dû à des relations de sorcellerie, et les gens sont brûlés en conséquence. Je n'aime pas l'idée d'être brûlé et c'est pourquoi je me suis souvent abstenu de vous aider parce que je craignais que vous ne puissiez contenir votre surprise et que vous en parliez aux villageois. Puis un jour, après un acte d'intelligence vraiment remarquable de ma part, les gens disaient : « Ha ! ce n'est pas un chien. Aucun chien n'aurait pu faire ça ! Ce doit être un démon… ou une sorcière déguisée en chien ! et bien sûr, ils me prendraient et me brûleraient.

« Eh bien, comme c'est très méchant de votre part de penser de telles choses à mon égard ! Quand ai-je parlé de toi ? En effet j'ai trop de choses à faire, mes travaux ménagers, mes plantations et la commercialisation m'occupent tellement, que je n'ai pas trouvé le temps de bavarder sur mon chien.

« Eh bien, il est déjà notoire que je suis intelligent, et je tremble souvent lorsque des étrangers me regardent et m'admirent, de peur qu'un individu confus ne croie qu'il voit en moi autre chose qu'une intelligence inhabituelle. Mais que diraient-ils s'ils savaient vraiment à quel point je suis très sagace ? La réputation que je possède ne m'est venue que de votre affection pour moi, mais je vous assure que je redoute cet excès d'affection, de peur qu'il ne finisse fatalement pour vous et pour moi.

« Mais êtes-vous tellement plus intelligent que vous ne l'avez déjà montré ? Si je promets de ne plus jamais parler de toi à personne, m'aideras-tu plus que tu ne l'as fait, si je suis en détresse ?

"Vous êtes une femme et vous ne pourriez pas vous empêcher de parler si vous essayiez très fort."

"Maintenant, regarde-toi ici, mon chien. Je vous jure que peu importe ce que vous faites d'étrange, j'aimerais pouvoir mourir, et que le premier animal que je rencontrerai pourra me tuer si je dis un mot. Vous verrez maintenant que Kitinda tiendra parole.

« Très bien, je vous prends au mot. Je dois vous servir chaque fois que vous avez besoin d'aide, et si vous parlez de mes services à une âme, vous êtes prêt à perdre la vie à cause du premier animal que vous rencontrerez.

Ils conclurent donc un accord solennel alors qu'ils se rendaient au marché.

Kitinda vendit très avantageusement son huile de palme et ses volailles ce jour-là, et reçut en échange des nattes, deux tabourets sculptés, un sac de farine de manioc, deux grandes cocottes bien cuites et polies, un régime de bananes mûres, un quelques bonnes houes de plantation et un grand panier solide.

Une fois la commercialisation terminée, elle rassembla ses achats et essaya de les mettre dans le panier, mais les gros pots et les tabourets sculptés lui causaient de gros problèmes. Elle pouvait très bien mettre la farine, les houes et les bananes dessus avec les nattes pour se couvrir, mais les tabourets et les pots étaient une grande difficulté.

Entre-temps, son chien, absent, avait réussi à tuer une jeune antilope et l'avait traîné près d'elle. Il regarda autour de lui et vit que le marché était terminé et que les gens étaient rentrés chez eux, tandis que sa maîtresse réfléchissait anxieusement à la manière d'emballer ses biens.

Il l'entendait se plaindre de sa folie d'acheter des choses si encombrantes et si lourdes, et se demander comment elle ferait pour rentrer chez elle avec ces choses.

Ayant pitié d'elle dans son ennui, le chien s'éloigna au galop et trouva un homme les mains vides, devant lequel il flatta et dont il lécha les mains, et étant caressé, il s'accrocha à son vêtement avec ses dents et le tira doucement, remuant la queue et regardant très aimable. Il continua ainsi jusqu'à ce que l' homme, voyant Kitinda s'inquiéter de ses difficultés, comprenne ce qu'il voulait, et proposa de porter les tabourets et les pots à chaque extrémité de son long bâton sur ses épaules pour quelques bananes mûres et un logement. Son aide fut acceptée avec plaisir, et Kitinda fut ainsi en mesure de rejoindre sa maison et, en chemin, l'homme lui raconta comment il était arrivé qu'il soit retourné au marché.

Kitinda fut alors très tentée de s'étendre sur l'intelligence bien connue de son chien, mais se souvint avec le temps de sa promesse de ne pas se vanter de lui. Cependant, quand elle arriva au village et que les ménagères sortirent de leurs maisons, brûlantes d'entendre les nouvelles du marché, dans son empressement à raconter à l'une puis à l'autre tout ce qui lui était arrivé et tout ce qu'elle avait vue et entendue, elle oublia son vœu du matin, et commença aussitôt à raconter le dernier tour merveilleux de son chien en traînant un homme au marché pour l'aider, alors qu'elle pensait que tout son profit dans le commerce serait perdu, et quand elle était sur le point de briser ses jolis pots dans sa rage.

Le chien écouta son récit, vit les signes d'émerveillement qui se dessinaient sur les visages des femmes, les entendit appeler leurs maris, vit les hommes s'avancer avec impatience vers elles, les vit tous le regarder attentivement, entendit un homme s'exclamer : « Cela ne peut pas sois un chien ! c'est un démon dans la peau d'un chien. Il-"

Mais le chien en avait assez entendu. Il se retourna et courut dans les bois, et on ne le revit plus jamais dans ce village.

Le jour de marché suivant arriva, Kitinda prit encore un peu d'huile de palme et quelques volailles et quitta sa maison pour s'en débarrasser pour d'autres besoins domestiques. À mi-chemin, son chien sortit du bois, et après l'avoir accusé de l'avoir trahi auprès de ses stupides compatriotes, rendant ainsi le mal pour le bien, il se jeta sur elle et la déchira en morceaux.

Chapitre huit.

L'histoire du prince qui insistait pour posséder la Lune.

« Monsieur, dit Baruti un soir, une autre histoire m'est venue à l'esprit aujourd'hui, qui m'a été racontée il y a longtemps par un vieil homme des Basoko. Je doute que cela vous plaise, mais puisque vous désirez entendre une autre légende de mon pays, vous aurez l'histoire telle qu'elle m'a été contée.

Le pays aujourd'hui habité par la tribu Basoko était autrefois connu sous le nom de Bandimba. Un roi appelé Bahanga était son seul cavalier. Il possédait une multitude de femmes, mais tous ses enfants étaient malheureusement du sexe féminin, ce qu'il considérait comme un grand grief et dont il se plaignait fréquemment. Ses sujets, en revanche, avaient la chance d'avoir plus de fils que de filles, ce qui augmentait le chagrin du roi et le faisait envier le plus méchant de ses sujets. Un jour cependant, il épousa Bamana, la plus jeune fille de son chef principal, et finalement il devint père d'un enfant mâle, et fut très heureux, et son peuple se réjouit de son bonheur.

Le prince grandit pour devenir une merveille de force et de beauté, et son père l'adorait tellement qu'il partageait son pouvoir avec le garçon d'une manière curieuse. Le roi se réservait l'autorité sur tous les gens mariés, tandis que les sujets du prince étaient ceux qui n'étaient pas encore mariés. Il arrivait ainsi que le prince régnait sur plus de personnes que son père, car les enfants étaient bien entendu plus nombreux que les parents. Mais malgré tout l'honneur qui lui était conféré, le prince n'était pas content. Plus il en obtenait, plus il souhaitait en posséder. Il suffisait que ses yeux voient une chose pour lui faire désirer sa possession exclusive. Chaque jour il préférait une ou plusieurs requêtes à son père, et à cause de son grand amour pour lui, le roi n'avait pas le cœur de lui refuser quoi que ce soit. En effet, il était persuadé d'accorder tant de cadeaux à son fils qu'il ne se réservait presque rien.

Un jour, le prince jouait avec les jeunes de sa cour, et après le jeu, il se retirait à l'ombre d'un arbre pour se reposer, et ses compagnons s'asseyaient en cercle à une distance respectueuse de lui. Il sentit alors un élan de fierté l'envahir en pensant à sa grande puissance, au nombre et à la variété de ses trésors, et il s'écria avec vantardise qu'il n'y avait jamais eu de garçon aussi grand, aussi riche et aussi favorisé par son père, tel qu'il était devenu. « Mon père, dit il, ne peut rien me refuser. Je n'ai qu'à demander, et cela m'est donné.

Puis un petit garçon mince, à la voix fine, dit : « C'est vrai, prince. Votre père a été très gentil avec vous. C'est un roi puissant, aussi généreux que grand. Pourtant, je sais une chose qu'il ne peut pas vous donner, et il est certain que vous ne la posséderez jamais.

"Quelle est la chose que je ne puis appeler mienne, quand je la vois, et qu'est-ce que le roi n'a pas le pouvoir de me donner ?" demanda le prince d'un ton agacé.

« C'est la lune », répondit le petit garçon ; " et vous devez avouer vous-même qu'il est au-delà du pouvoir du roi de vous donner cela. "

« En doutez-vous ? » demanda le prince. « Je vous le dis, je le posséderai, et j'irai maintenant le réclamer à mon père. Je ne lui donnerai aucune paix tant qu'il ne me la donnera pas.

Or, il se trouve que nous n'accordons pas autant de valeur aux trésors qui nous appartiennent déjà qu'à ceux que nous n'avons pas encore. Il en était ainsi de ce prince gâté. Le souvenir des nombreux cadeaux de son père s'effaçait de son esprit, et leur valeur n'était pas comparable à ce nouveau jouet — la lune — auquel il n'avait jamais pensé auparavant et qu'il convoitait désormais si ardemment.

Il trouva le roi discutant de sujets importants avec les vieillards.

« Père, dit-il, tout à l'heure, alors que j'étais avec mes compagnons, on m'a raillé parce que je n'avais pas la lune parmi mes jouets, et on a dit que vous ne pouviez pas me la donner. Maintenant, prouvez que ce garçon est un menteur et procurez-moi la lune, afin que je puisse la leur montrer et me glorifier de votre cadeau.

« Qu'est-ce que tu dis, mon fils, tu veux la lune ? demanda le roi étonné.

"Oui. Apportez-le-moi immédiatement, n'est-ce pas ? »

« Mais, mon enfant, la lune est très loin. Comment pourrons-nous un jour l'atteindre ?

"Je ne sais pas; mais vous avez toujours été bon avec moi, et vous ne me refuseriez sûrement pas cette faveur, mon père ?

"Je crains, moi aussi, que nous ne puissions pas vous donner la lune."

« Mais, mon père, il me faut l'avoir ; ma vie ne vaudra pas la peine d'être vécue sans cela. Comment puis-je oser affronter à nouveau mes compagnons après m'être vanté devant eux de ta puissance et de ta bonté ? Il n'y avait qu'une chose que ce garçon pervers disait que je n'aurais peut-être pas, et c'était la lune. Maintenant, mon âme est déterminée à posséder cette lune, et vous devez l'obtenir pour moi, sinon je mourrai.

« Non, mon fils, ne parle pas de mort. C'est un vilain mot, surtout lorsqu'il s'agit de mon prince et héritier. Ne sais-tu pas encore que je ne vis que pour toi ? Laissez votre esprit se reposer. Je rassemblerai tous les sages du pays et je leur demanderai de me conseiller. S'ils disent que la lune peut être atteinte et ramenée jusqu'à nous, vous l'aurez.

En conséquence, le grand tambour d'État sonna pour la palabre générale, et une vingtaine de crieurs parcoururent les villes en battant leurs petits tambours au fur et à mesure, et les messagers hâtèrent tous les sages et les anciens en présence du roi.

Lorsque tout le monde fut assemblé, le roi annonça son désir de savoir comment atteindre la lune et si elle pourrait être déplacée de sa place dans le ciel et ramenée sur la terre, afin de la donner à son fils unique. prince. S'il y avait un homme sage présent qui pourrait lui expliquer comment cela pourrait être fait et se chargerait de le lui apporter, il lui donnerait en mariage la meilleure de ses filles et le doterait de grandes richesses.

Lorsque les sages entendirent cette étrange proposition, ils restèrent sans voix d'étonnement, car personne dans le pays Basoko n'avait jamais entendu parler de quelqu'un montant dans les airs plus haut qu'un arbre, et supposer qu'une personne puisse monter aussi haut que la lune était , pensaient-ils, une simple folie. Mais le respect pour le roi les tenait muets, même si la signification de leurs regards était très claire.

Mais pendant que chacun regardait son voisin avec étonnement, l'un des sages, qui paraissait être le plus jeune présent, se leva et dit :

« Longue vie au prince et à son père, le roi ! Nous avons entendu les paroles de notre roi Bahanga et elles sont bonnes. Moi, même moi, son esclave, je suis capable d'atteindre la lune et de faire le plaisir du roi, si l'autorité du roi m'aide.

L'air confiant de l'homme et le ton d'assurance dans sa voix firent honte aux autres sages, qui avaient été si prêts à croire le roi et le prince fous, et ils tournèrent leurs visages vers lui avec curiosité, plus qu'à moitié disposés. croire qu'après tout la chose était possible. Le roi perdit également son air perplexe et parut soulagé.

« Dis donc. Comment pourrez-vous accomplir ce que vous promettez ?

« S'il plaît au roi, » répondit hardiment l' homme, « je monterai du sommet de la haute montagne près de la cataracte de Panga. Mais je bâtirai d'abord dessus un échafaudage élevé, dont la base sera aussi large que le sommet de la montagne, et sur cet échafaudage j'en bâtirai un autre, et sur le second j'en bâtirai un troisième, et ainsi de suite jusqu'à ce que mon épaule touche la lune.

"Mais est-il possible d'atteindre la lune de cette manière ?" » demanda le roi d'un air dubitatif.

« Bien sûr, si j'érigeais un nombre suffisant d'échafaudages les uns au-dessus des autres, mais il faudrait pour cela une grande quantité de bois et une grande armée d'ouvriers. Si le roi l'ordonne, le travail sera terminé.

« Qu'il en soit ainsi, dit le roi. « Je mets à votre service tout homme valide du royaume. »

« Ah, mais tous les hommes de ton royaume ne suffisent pas, ô roi. Il faudra tous les hommes adultes pour abattre les arbres, équarrir le bois et le porter aux chantiers ; et chaque femme adulte sera tenue de préparer la nourriture pour les ouvriers ; et chaque garçon doit porter de l'eau pour étancher sa soif, et une corde d'écorce pour lier les bois ; et chaque fille, grande et petite, doit être envoyée cultiver les champs pour cultiver du manioc pour se nourrir. Ce n'est qu'ainsi que le prince pourra obtenir la lune comme jouet.

« Je dis donc que cela se fasse comme vous pensez qu'il devrait être fait. Tous les hommes, femmes et enfants du royaume, je les consacre à ce service, afin que mon fils unique puisse jouir de ce qu'il désire.

Puis il fut proclamé dans les vastes terres du Bandimba que tout le peuple devait se rassembler pour procéder immédiatement à l'œuvre visant à obtenir la lune pour le fils du roi. Et la forêt fut abattue, et pendant que certains ouvriers équarrissaient les arbres, d'autres creusaient des trous profonds dans le sol, pour faire une base large et sûre pour l'échafaudage inférieur ; et les garçons fabriquèrent des milliers de bobines de corde pour attacher les poutres ensemble, avec de l'écorce, des fibres de palmier et de l'herbe dure ; et les filles, grandes et petites, ont sarclé le sol et planté les arbustes de manioc et les boutures de bananier et de plantain, et semé le maïs ; et les femmes pétrissaient le pain et cuisaient les légumes verts, et rôtissaient des bananes vertes pour nourrir les ouvriers. Et tous les Bandimba étaient obligés de travailler dur chaque jour pour qu'un garçon gâté puisse avoir la lune pour jouet.

En quelques jours, le premier échafaudage s'élevait aussi haut que les arbres les plus hauts, en quelques semaines la structure avait grandi jusqu'à atteindre plusieurs flèches de hauteur, en deux mois elle était si élevée que le sommet ne pouvait pas être vu avec le à l'œil nu. La renommée de la magnifique tour en bois que les Bandimba étaient en train de construire s'est répandue partout ; et les nations amies des environs envoyèrent des messagers pour voir et leur rapporter la folie des Bandimba, car la rumeur avait répandu parmi les gens tant d'histoires contraires que les étrangers ne savaient que croire. Certains disaient qu'il était vrai que tous les Bandimba étaient devenus fous ; mais certains de ceux qui venaient voir de leurs propres yeux riaient, tandis que d'autres commençaient à s'inquiéter. Cependant tous admiraient la grandeur et s'étonnaient de la hauteur de la tour.

Au sixième mois, le sommet de l'échafaud le plus haut était si haut que, les jours les plus clairs, on ne pouvait pas voir à mi-hauteur ; et on disait qu'il était si grand que l'ingénieur en chef pouvait dire le jour où il pourrait toucher la lune.

Les travaux continuèrent et l'ingénieur finit par faire savoir que dans quelques jours ils seraient terminés. Tout le monde le crut et les nations des environs envoyèrent davantage de personnes pour assister à l'achèvement de la grande tour et observer ce qui allait se passer. Dans tout le pays et dans les pays voisins, il n'y avait qu'un seul homme sage qui prévoyait, si la lune était déplacée de sa place, quels dommages se produiraient, et que probablement tous ces gens insensés dans le voisinage de la tour seraient détruit. Craignant quelque terrible calamité, il proposa de partir du milieu des Bandimba avant qu'il ne soit trop tard. Il a ensuite placé sa famille dans un canoë et, après l'avoir stocké avec suffisamment de provisions, il s'est embarqué et, pendant la nuit, il a flotté sur la rivière Aruwimi et dans le grand fleuve, et a continué

son voyage nuit et jour aussi vite que le courant le permettait. emmenez-le –
bien, bien en dessous de toutes les terres connues des Bandimba. Une
semaine plus tard, après la fuite du sage et de sa famille, l'ingénieur en chef
fit savoir au roi qu'il était prêt à descendre la lune.

"C'est bien", répondit le roi d'en bas. «Je monterai pour voir comment vous
vous y prenez.»

En vingt jours, le roi atteignit le sommet de la tour, et, se tenant enfin à côté
de l'ingénieur, il posa la main sur la lune, et il lui fit extrêmement chaud. Il a
ensuite ordonné à l'ingénieur de procéder au démontage. L'homme a mis un
certain nombre de rouleaux d'écorce fraîche sur son épaule et a essayé de les
déloger ; mais comme il était solidement fixé, il usa d'une telle force qu'il le
brisa, et il y eut une explosion dont le feu et les étincelles le brûlèrent. Le bois
sur lequel se tenaient le roi et ses chefs commença à brûler, et de nombreux
autres bruits d'éclatement se firent entendre, et le feu et la roche fondue
coulèrent à travers l'échafaudage en un flux constant, jusqu'à ce que toutes
les boiseries soient en feu et que les flammes s'envolèrent vers le haut. parmi
les montants et les tréteaux du bois dans un vaste tas de feu ; et chaque
homme, femme et enfant fut complètement consumé en un instant. Et la
chaleur était si grande qu'elle affecta la lune, et une grande partie de celle-ci
tomba sur la terre, et ses matériaux brûlants coulèrent sur le sol comme une
grande rivière de feu, de sorte que la majeure partie du pays des Bandimba
fut brûlée. en cendres. Sur ceux qui n'étaient ni étouffés par la fumée, ni
brûlés par le feu, et qui s'enfuyaient devant le fleuve en feu, l'effet fut très
merveilleux. Ceux d'entre eux qui furent adultes, mâles et femelles, furent

transformés en gorilles, et tous les enfants en différentes espèces de singes à longue queue.

Le vieil homme qui m'a raconté cette histoire a terminé en nous disant, qui écoutions la bouche ouverte ses paroles :

« Mes amis, si vous doutez de la vérité de ce que j'ai dit, il vous suffit de regarder la lune lorsqu'elle est pleine, et vous pourrez alors voir, par une nuit claire, une curieuse partie sombre sur sa face, qui apparaît souvent comme s'il y avait des montagnes pointues à l'intérieur, et souvent les taches sombres ressemblent à des sortes d'animaux hébergés ; et puis, vous imaginerez souvent que sur la lune on voit les contours d'un visage d'homme, mais ces taches sombres ne sont que les trous faits dans la lune par l'homme qui y a forcé ses épaules. Par cela, vous saurez que je ne vous ai pas menti. Depuis ce terrible jour où la lune a éclaté et où le pays Bandimba a été consumé, les parents n'ont pas l'habitude d'accorder à leurs enfants tout ce qu'ils demandent, mais seules des choses telles que leur âge et leur expérience les avertissent que c'est bon pour leurs petits. Et quand les petits enfants ne sont pas satisfaits de telles choses, mais irritent et harcèlent leurs parents pour leur donner ce qu'ils savent leur être nuisible, alors c'est une coutume chez tous les gens sages de leur prendre le bâton, de les chasser de leurs têtes sont les mauvaises pensées.

"Mais, Baruti", dit un Zanzibar qui croyait à l'histoire, car s'il n'avait pas souvent observé les taches sombres de la lune, "qu'est devenu Bahanga et le petit prince ?"

"Eh bien, après l'ingénieur des travaux, les premiers qui moururent furent le roi et le prince dont la folie avait apporté la ruine du pays."

Chapitre neuf.

Comment Kimyera est devenu roi d'Ouganda.

Kadu était un garçon originaire de l'Ouganda qui, après avoir noué une fraternité de sang avec un jeune Zanzibar de son âge, demanda la permission de se joindre à notre expédition de 1874-77. Il survécut aux périls de la descente du Congo et, en 1879, s'enrôla de nouveau et servit fidèlement un autre mandat de trois ans en Afrique. Il rejoignit ensuite MHH Johnston lors de sa visite au Kilimandjaro et se montra aussi dévoué à lui qu'il l'avait été à moi pendant sept ans. C'est en construisant des routes le long des rives du Congo, après s'être parfaitement familiarisé avec la langue vernaculaire zanzibarienne, qu'il nous a divertis avec ses remarquables légendes. À côté de son compatriote Sabadu, il était le plus divertissant.

L'une des premières histoires qu'il nous a racontées concernait Kimyera, un roi d'Ouganda, qui, par ses exploits de chasse, mérite d'être appelé le Nimrod de ce pays. Cela s'est déroulé comme suit : -

Il y a bien longtemps, Uni régnait en tant que roi sur Unyoro, un grand pays situé au nord et à l'ouest de l'Ouganda. Un jour, il épousa Wanyana, une femme du royaume voisin, qui, la première nuit où elle avait été emmenée dans le harem intérieur, manifesta une violente aversion pour sa personne. A cette époque, un homme nommé Kalimera, qui était marchand de bétail, visitait la cour et y résidait déjà depuis quelques mois comme hôte d'honneur du roi, en raison de ses manières agréables et de ses talents à la flûte. Durant son séjour, il n'avait pas manqué de remarquer la beauté des jeunes femmes qui pouvaient se presser autour de lui pendant qu'il jouait ; mais on avait observé depuis longtemps qu'il avait été spécialement attiré par les charmes de Wanyana. Quelques-unes des femmes les plus mal intentionnées murmurèrent qu'une rencontre avait eu lieu et qu'elles avaient trouvé l'occasion de se faire part de leur passion mutuelle. Quoi qu'il en soit, le roi Uni, surpris de l'aversion qu'elle lui témoignait, s'abstint de la presser pour le moment, croyant avec confiance que ses sentiments changeraient pour le mieux après une connaissance plus intime avec lui. Pendant ce temps, il lui construisit un appartement séparé et palisa la cour avec d'épaisses cannes. Ses visites lui étaient rendues un jour sur deux, et chaque fois il lui apportait un cadeau en perles, en tissu d'écorce ou en peau douce et velue, dans l'espoir de gagner sa faveur.

Avec le temps, elle découvrit qu'elle était enceinte et, craignant la colère du roi Uni, elle conclut un pacte avec lui selon lequel s'il s'abstenait de lui rendre visite pendant un mois, elle lui rendrait sa gentillesse avec toute l'affection. Uni consentit volontiers à cette proposition et se borna à envoyer ses pages avec des salutations et des cadeaux quotidiens. Entre-temps, elle s'efforçait, par l'intermédiaire de ses propres serviteurs, de communiquer avec Kalimera, son amant, mais, même si aucun effort de sa part ne lui manquait, elle ne parvenait à obtenir aucune nouvelle de lui, à l'exception d'un rapport selon lequel, peu après son entrée dans le harem d'Uni, Kalimera avait disparu.

En quelques jours, elle accoucha d'un bel enfant mâle, mais comme elle serait sans aucun doute tuée par le roi si l'enfant était découvert, elle partit de nuit avec lui et le déposa, vêtue de fourrure ornée de fines perles. au fond d'une fosse de potier. Elle s'est alors précipitée chez un devin du quartier et l'a soudoyé pour qu'il s'arrange d'une manière ou d'une autre pour recevoir et élever son enfant jusqu'à ce qu'il puisse être réclamé. Satisfaite de l'assurance que l'enfant serait en sécurité, Wanyana est retournée à sa résidence au tribunal de la même manière secrète qu'elle l'avait quitté.

Le lendemain matin, Mugema, le potier, passa devant la porte du devin et fut salué par le grand chasseur de sorcières.

« Mugema, dit-il, tes pots sont maintenant faits d'argile pourrie. Ils ne sont plus du tout ce qu'ils étaient. Ils s'effritent désormais dans la main. Dis-moi pourquoi ça ?

« Ah, docteur, c'est juste ça. J'ai pensé à te soudoyer pour me le dire, mais je ne voulais pas te déranger.

« Tout va bien, Mugema ; Je vais te dire pourquoi. Tu as un ennemi qui te veut du mal, mais je ferai échouer ses projets. Hâte-toi d'aller à ta fosse, et tout ce que tu y trouves de vivant, garde-le et élève-le avec bonté. Tant qu'il vit, tu es à l'abri de tout mal.

S'étonnant de cette nouvelle, Mugema quitta la maison du devin et se dirigea vers la fosse où il obtenait son argile. Regardant doucement par-dessus le bord de la fosse, il aperçut un paquet de tissu d'écorce et de fourrure. D'après son apparence extérieure, il ne pouvait pas deviner ce que ce paquet pouvait contenir, mais, craignant de le déranger par un mouvement précipité, il se retira silencieusement de la fosse et s'enfuit en toute hâte pour dire à sa femme, comme il était par devoir, et lui obtenir conseils et assistance, car la femme dans toutes ces questions est plus en sécurité que l'homme. Sa femme, en apprenant cette nouvelle, lui cria dessus :

« Eh bien, quel imbécile tu es ! Pourquoi n'as-tu pas fait ce que le devin t'a ordonné ? Viens, je vais t'accompagner tout de suite, car mon esprit est troublé par un rêve que j'ai fait la nuit dernière, et cette chose que tu me dis peut avoir une lourde signification pour nous deux.

Mugema et sa femme se précipitèrent ensemble vers la fosse d'argile et, comme son mari insistait, elle se glissa silencieusement jusqu'au bord pour regarder en bas. A ce moment l'enfant poussa un cri et bougea les vêtements qui le recouvraient.

«Eh bien, c'est un bébé», s'écria la femme; « exactement comme je l'ai trouvé dans mon rêve. Dépêche-toi, Mugema. Descendez vite et apportez-le-moi ; et prends garde de ne pas lui faire de mal.

Mugema était tellement étonné des paroles de sa femme qu'il en perdit presque la raison, mais étant poussé dans la fosse, il obéit machinalement et remonta le paquet et son occupant vivant, qu'il remit à sa femme sans prononcer un mot.

En ouvrant le paquet, on découvrit la forme d'un enfant magnifique et remarquablement vigoureux, d'un tel poids, d'une telle taille et d'une telle forme, que la femme s'écria :

"Oh! Mugema, quelqu'un a-t-il déjà eu une telle chance ? Mon cœur soupirait après un enfant que je pourrais élever pour être notre joie, et ici les bons Esprits nous ont donné le choix de tout le monde. Mugema, ta fortune est faite.

"Mais de qui est l'enfant ?" » demanda Mugema avec méfiance.

« Comment puis-je te dire ça ? Si tu ne m'avais pas annoncé qu'il se trouvait dans la fosse, j'aurais été sans enfant toute ma vie. Le devin qui t'a dirigé jusqu'ici est un homme sage. Il connaît le secret, je le garantis. Mais viens, Mugema, laisse tomber ces pensées idiotes. Que dis-tu ? allons-nous élever l'enfant, ou le laisser périr ici ?

«Très bien, ma femme. Si cela te procure de la joie, je vivrai content.

C'est ainsi que l'enfant de Wanyana trouva des parents nourriciers, et aucune femme d'Unyoro ne pouvait être plus fière de son enfant que la femme de Mugema ne l'était de l'enfant trouvé. On lui donna du lait de femme, de chèvre et de vache, et il prospéra prodigieusement ; et lorsque Mugema demanda au devin quel nom lui conviendrait le mieux, le sage répondit :

"Appelle-le Kimyera, le Puissant."

Quelques mois plus tard, alors que Kimyera avait environ un an, Wanyana vint chez le potier pour acheter des pots pour sa maison, et alors qu'elle était assise sous le porche, sélectionnant les plus solides d'entre eux, elle entendit un enfant pleurer à l'intérieur.

« Ah ! ta femme a-t-elle eu un enfant récemment ? Lors de ma dernière visite, je n'ai ni observé ni entendu dire qu'elle était susceptible de devenir mère.

"Non, princesse", répondit Mugema; " C'est le cri d'un enfant que j'ai découvert dans la carrière d'argile il y a environ un an. "

Le cœur de Wanyana fit un grand bond et, pendant un instant, elle perdit tout souvenir de l'endroit où elle se trouvait. Se reprenant avec beaucoup d'efforts, elle demanda à Mugema de lui raconter l'incident : mais pendant qu'il racontait l'histoire, elle réfléchissait à la manière dont elle pourrait s'assurer de son secret si elle se déclarait la mère de l'enfant.

Mugema, avant de conclure son récit, ne manqua pas de raconter à Wanyana comment, pendant un temps, il avait soupçonné sa femme de l'avoir trompé, et que, bien qu'il n'ait aucune raison de soupçonner autre chose que le fait que la fosse d'argile était la sienne et la On y avait trouvé un enfant, il n'était pas encore tout à fait clair dans son esprit, et il serait prêt à travailler longtemps pour toute personne qui pourrait complètement dissiper son esprit du doute, car, à cette exception près, sa femme était la seule. la femme la plus intelligente et la meilleure d'Unyoro.

Wanyana, percevant une opportunité, dit :

"Eh bien, même si j'ai fait semblant de ne pas connaître l'enfant, je sais de qui il s'agit et qui l'a placé dans la fosse."

"Toi, princesse!" il pleure.

"Oui, et si tu prêtes serment au grand Muzimu de garder le secret, je divulguerai le nom de la mère."

« Vous avez mon assurance du secret à condition qu'il ne soit pas prouvé que l'enfant est celui de ma femme. Qui que ce soit d'autre, cela ne m'importe pas ; l'enfant a été retrouvé et est à moi du droit de celui qui l'a trouvé. Maintenant, nomme la mère, princesse.

« Wanyana ! »

"Le tien?"

"Quand même. C'est le fruit d'un amour affectueux, et Kalimera de l'Ouganda est son père. Le jeune homme appartient à l'un des quatre clans royaux d'Ouganda, appelé le clan des Éléphants. Il est le plus jeune fils du défunt roi d'Ouganda. C'est à lui qu'à la mort de son père échut la part de sa mère, une contrée pastorale riche en bétail, non loin de la frontière d'Unyoro. C'est pendant qu'il conduisait ici de gros troupeaux pour les vendre à l'Université qu'il m'a vu et m'a aimé, et je l'ai connu comme mon seigneur. Craignant la colère du roi, il s'est enfui et je me suis retrouvé sans amour au pouvoir d'Uni. Une nuit, l'enfant est né, et dans l'obscurité, je suis sorti de la cour du roi et j'ai porté le bébé dans ta fosse. Au sage, j'ai confié le secret de cette naissance. Tu connais le reste.

« Princesse, ma femme ne m'a jamais paru plus belle qu'aujourd'hui, et je te dois l'œil clair. Reposez en paix. Ma femme aime le bébé, laissez-la l'allaiter jusqu'à des temps plus heureux, et je le garderai en sécurité comme s'il était le mien. Oui, le bébé, j'en suis assuré, me paiera bien quand il sera grand. Les paroles du sage me reviennent maintenant, et je vois par quoi la chance viendra à tous. Si les os et les muscles peuvent faire un roi, l'avenir de Kimyera est assuré. Mais viens voir ma femme, et confie franchement ton histoire à sa discrétion et à sa sagesse.

Wanyana se pencha bientôt sur son enfant et, au milieu de larmes de joie, elle informa la femme de Mugema de sa naissance et obtint de sa sincère assurance qu'il serait tendrement soigné et de sa meilleure aide dans tout service qu'elle pourrait rendre à Kimyera. et sa mère.

Une grande amitié s'est nouée entre la princesse Wanyana, le potier Mugema et sa femme, et elle a trouvé de fréquentes excuses pour rendre visite à l'enfant en pleine croissance.

Grâce à l'influence de la princesse, le potier s'enrichit et ses troupeaux se multiplièrent ; et quand Kimyera fut devenu grand et fort, son père adoptif lui confia le soin du bétail, et il lui donna pour assistants un certain nombre de jeunes gens robustes. Avec cela, Kimyera se livrait à des jeux virils, jusqu'à ce qu'il devienne merveilleusement adroit à lancer la lance, à tirer l'arc et à lutter. Sa rapidité dépassait celle de l'antilope la plus rapide ; aucun animal de la plaine ne pouvait lui échapper lorsqu'il se lançait à sa poursuite. Son courage, prouvé dans la défense de sa charge, devint un proverbe parmi tous ceux qui le connaissaient. Si le cri du berger l'avertissait qu'une bête cherchait à s'attaquer au bétail, Kimyera ne perdait jamais de temps pour se mettre devant, et, à coups de lance et de flèches, il devenait souvent vainqueur.

L'orgueil devenant possesseur de tant de qualités admirables, il conduisait ses troupeaux à travers les champs de maïs des villageois, et à toutes les remontrances il répondait simplement que les troupeaux appartenaient à Wanyana, épouse préférée d'Uni. Les gens lui appartenaient aussi, ainsi que leur maïs, et qui pourrait s'opposer à ce que le bétail de Wanyana mange le maïs de Wanyana ?

Comme sa réputation de force et de courage était bien connue, les villageois lui laissèrent alors docilement faire ce qu'il voulait.

Au fur et à mesure qu'il grandissait en puissance et en courage, les égards d'Uni se refroidissaient envers Wanyana et, comme elle n'avait pas la liberté dont elle jouissait autrefois, ses visites à Kimyera cessèrent. Mugema sympathisa avec la mère et parvint à envoyer Kimyera avec des pots à vendre aux gens de la cour, avec la stricte responsabilité de découvrir toutes les nouvelles relatives à la princesse Wanyana. Le cœur de la mère se dilatait de fierté chaque fois qu'elle voyait son fils, et elle s'arrangeait de diverses manières pour prolonger l'entretien. Et chaque fois qu'il rentrait chez lui, il emportait quelque cadeau de Wanyana, comme des peaux de léopard, des colliers de griffes de bêtes, des perles et des dents de crocodile, des ceintures de peau de singe blanche, des parcelles d'ocre moulue ou de bois de cam, ou des coquillages rares, pour montrer Mugema et son épouse. Et souvent il disait : « Wanyana m'a demandé de vous demander d'accepter ce cadeau de sa part en gage de son estime », leur montrant des articles similaires.

Les cadeaux que sa mère lui fit en peu de temps lui permirent d'acheter deux beaux et grands chiens : l'un était noir comme du charbon de bois, qu'il nomma *Msigissa* , ou « Ténèbres », l'autre était blanc comme une touffe de coton et s'appelait *Sema-gimbi.* , ou « Bois-bavure ». Il faut savoir que c'est à cause du chien Darkness, que le clan des Babouins d'Ouganda s'est tant attaché aux chiens noirs, par lesquels ils perpétuent le souvenir de Kimyera.

Lorsqu'il devint propriétaire de Darkness et de Wood-burr, il commença à s'absenter de chez lui pendant de plus longues périodes, laissant les troupeaux sous la garde des bergers. Avec eux, il explora les plaines, les collines et les bois très éloignés de chez lui. Parfois, il s'absentait pendant des semaines, provoquant une grande anxiété chez ses aimables parents adoptifs. Plus il allait loin, plus sa passion de savoir ce qui se trouvait au-delà de la crête la plus éloignée qu'il voyait grandissait et, une fois découverte, il serait à nouveau tenté d'en explorer une autre qui se profilait au loin devant lui. Avec tous les hommes qu'il rencontrait, il entrait en conversation et obtenait diverses connaissances sur des choses intéressantes concernant le pays, le peuple et les chefs. De cette manière, en quelques mois, il eut une vaste connaissance de chaque route et rivière, village et tribu des terres voisines.

Au retour de ces excursions audacieuses, Mugema et sa femme l'interrogeaient strictement sur ce qu'il avait fait, mais il évitait de révéler toute la vérité en répétant les incidents de chasse qui accompagnaient ses pérégrinations, de sorte qu'ils ne connaissaient pas les terres. qu'il avait vu, ni les distances qu'il avait parcourues. Cependant, étant mal à l'aise, ils communiquèrent à Wanyana tout ce qui les concernait et tout ce qu'ils soupçonnaient. Wanyana a alors demandé la permission de rendre visite au potier et à sa femme, et pendant la visite, elle a demandé à Kimyera : « Je t'en prie, dis-moi, mon fils, où vas-tu au cours de tes longs voyages à la recherche de gibier ?

"Oh! Je voyage loin à travers les bois, les collines et les plaines herbeuses.

"Mais est-ce dans la direction du lever ou du coucher du soleil, est-ce au nord ou au sud d'ici ?"

A quoi il répondit : « Je cherche le gibier généralement dans la direction d'où le soleil se lève. »

"Ah!" dit Wanyana. "C'est par là que se trouve Ganda, où habite ton père, et d'où il venait autrefois pour échanger du bétail contre du sel et des houes."

"Mon père! Comment s'appelle mon père, mère ?

«Kalimera.»

« Et où habitait-il ?

"Son village s'appelle Willimera et est près de la ville de Bakka."

« Bakka ! Je connais la ville, car au cours de certains de mes voyages, j'ai parcouru un long chemin en Ouganda et j'ai chassé le léopard dans les bois qui bordent le ruisseau appelé Myanja, et dans les plaines au-delà du fleuve, de nombreuses antilopes ont été victimes de mes attaques. lance."

"C'est à peine croyable, mon fils."

"Non, mais c'est vrai, maman."

"Alors tu as dû être près de Willimera dans ce cas, et c'est dommage que tu n'aies pas vu ton père et que tu n'aies pas été reçu par lui."

Quelques jours plus tard, Kimyera jeta sa musette tricotée sur son épaule et, muni d'un bouclier, de deux lances et de ses fidèles chiens Darkness et Woodburr, il sortit à grands pas de la maison du potier et tourna de nouveau son visage vers la rivière Myanja. Au premier village de l'autre côté du ruisseau, il demanda aux indigènes s'ils connaissaient Willimera, et on lui répondit que nous n'étions qu'à huit heures à l'est. Le lendemain, il arriva, fit le tour du village et se reposa cette nuit-là chez l'un des bergers de Kalimera. Il se rendit très agréable à son hôte et reçut de lui les informations les plus complètes sur tout ce qui concernait son père.

KIMYERA SETTING OUT FOR UGANDA.

Le lendemain, il commença son retour à Unyoro, qu'il atteignit en deux semaines. Il informa Mugema et sa mère adoptive de son succès, et ils envoyèrent un messager pour informer Wanyana que Kimyera était rentrée chez elle.

Wanyana, impatient d'apprendre la nouvelle, arriva cette nuit-là chez Mugema et implora Kimyera de lui raconter tout ce qu'il avait entendu et vu.

"En bref, c'est ça", répondit Kimyera. «Je sais maintenant avec certitude où habite Kalimera. J'ai fait le tour du village, je sais combien d'indigènes il y a, combien de troupeaux de bœufs, combien de bergers et d'esclaves il a. Kalimera va bien. Tout cela, je l'appris d'un de ses chefs bergers avec qui je passai la nuit. Je suis venu ici directement pour te le faire savoir, à toi et à mes parents adoptifs.

« C'est très bien, mon fils. Maintenant, Mugema, il est temps de bouger », dit-elle au potier. « L'université au quotidien me devient de plus en plus intolérable. Je ne me suis encore jamais mariée avec lui et j'ai été fidèle au seul homme qui me semblait le plus charmant de son espèce. Maintenant que je sais que Kalimera est vivant, mon cœur est allé vers lui, même si mon corps est là. Mugema, parle, mon ami.

« Wanyana, mon esprit est lent et ma langue est lourde. Tu connais ma situation. J'ai une femme, mais beaucoup de bétail. Les deux vaches, Namala et Nakaombeh, que tu m'as données en premier, je les possède toujours. Leur lait a toujours été abondant et sucré. Namala a suffi à nourrir Kimyera pour lui donner une vigueur et une force parfaites ; Nakaombeh donne plus que ce que nous pouvons nourrir, ma femme et moi. Laissons Kimyera prendre sa flûte, ses chiens, Darkness et Wood-burr, ses lances et son bouclier ; Sebarija, mon vacher, qui a appris la flûte à Kimyera, prendra également sa flûte et son bâton, et conduira Namala et Nakaombeh. Ma femme portera quelques fourrures, une partie du butin gagné grâce aux prouesses de Kimyera ; et voilà ! Ma famille et moi suivrons Wanyana.

« Tu as été un véritable ami pour moi et les miens, Mugema ! Nous partirons avant l'aube. À Willimera, tu recevras dix fois ce que tu laisses ici. L'enfant trouvé de l'argile est devenu grand et fort, et il a enfin trouvé le chemin de son père et de la parenté de son père.

Et comme Wanyana l'avait conseillé, le voyage fut entrepris cette nuit-là, et avant que le soleil ne se lève, Wanyana, Mugema et sa femme, l'esclave Sebarija conduisant les deux vaches, Namala et Nakaombeh, étaient en route vers l'est, Kimyera et ses deux chiens, Darkness. et Wood-burr, précédant les émigrants et guidant le chemin.

La nourriture qu'ils emportaient avec eux leur permettait de vivre pendant deux jours ; mais le troisième jour, ils aperçurent un buffle solitaire et Kimyera, suivi de Mugema et Sebarija, le poursuivit. Le buffle était inhabituellement sauvage et les mena dans une longue poursuite, loin de la vue des deux femmes. Mugema réfléchit alors qu'ils avaient eu tort de laisser ainsi les deux femmes seules et cria à Sebarija de revenir en toute hâte et de s'occuper des femmes et des deux vaches. Peu de temps après, Darkness attacha ses crocs au buffle, jusqu'à ce que Wood-burr vienne l'aider à le ramener au sol, et ils le retinrent là jusqu'à ce que Kimyera lui donne son coup mortel. Les deux hommes se chargèrent de viande et revinrent à l'endroit où ils étaient partis, mais hélas ! ils n'ont trouvé aucune trace des deux femmes, ni de Sebarija et des deux vaches.

Jour après jour, Kimyera et Mugema parcouraient le pays à la recherche de nouvelles du groupe disparu, jusqu'à ce que finalement, à leur grand regret, ils soient obligés d'abandonner les recherches et arrivent à la conclusion qu'il était préférable pour eux de continuer leur voyage. et faire confiance au hasard pour obtenir les connaissances qu'ils désiraient.

Près de Ganda, Kimyera aperçut un autre buffle et, ordonnant à Mugema de rester dans la première maison où il arrivait, il le poursuivit avec ses chiens. Le buffle galopa au loin et, vers midi, il resta immobile à l'abri d'un rocher. Kimyera bondit jusqu'au sommet et, déployant toutes ses forces, il lança sa lance dans le dos de l'animal. Ce rocher est encore montré aux étrangers comme l'endroit où Kimyera a tué le premier gibier en Ouganda, et même l'endroit où il se tenait peut être vu par les marques de ses pieds qui y étaient imprimées. Alors qu'il se reposait sur le rocher, il vit passer une femme avec une gourde d'eau. Il l'appela et lui demanda une goutte pour apaiser sa soif. Elle obéit en souriant, car l'étranger était beau et ses manières agréables. Ils entrèrent en conversation, au cours de laquelle il apprit qu'elle appartenait à Ganda et servait de servante à la reine Naku, épouse de Sebwana, et que Naku était gentille avec les étrangers et était célèbre pour son hospitalité envers eux.

KIMYERA ASKING FOR WATER.

"Penses-tu qu'elle sera gentille avec moi?" demanda Kimyera. "Je suis originaire d'Unyoro et je cherche une maison où je puisse me reposer."

A quoi la servante répondit : « C'est la coutume de Naku, et en fait de tous les princes de Ganda, de recevoir l'étranger puisque, dans les temps les plus anciens, le premier prince s'est installé dans ce pays dans lequel il était étranger. . Mais qu'est-ce qui est attaché à ta ceinture ?

"C'est une flûte de roseau sur laquelle j'imite, quand je suis seul, les chants des oiseaux qui me semblent les plus doux."

« Et es-tu habile dans ce domaine ? » demanda la servante.

«Soyez juge», dit-il; et aussitôt il souffla sur sa flûte jusqu'à ce que la servante soit grandement émerveillée.

Quand il eut fini, elle frappa gaiement dans ses mains et dit :

« Tu seras plus que bienvenu auprès de Naku et de son peuple. Hâte-toi et suis-moi pour que je te lui montre, car ta fortune est faite.

"Non. J'ai un compagnon non loin d'ici et je ne dois pas le perdre. Mais tu peux dire que tu as rencontré un étranger qui, après avoir retrouvé son ami, se présentera devant la reine Naku et Sebwana avant le coucher du soleil.

La servante se retira et Kimyera se leva, et coupant une grande partie de la viande, il revint sur ses pas, chercha et trouva Mugema, à qui il raconta toutes ses aventures.

Après avoir lavé les taches du voyage et s'être rafraîchis, ils se rendirent au village jusqu'à la résidence de la reine et de son épouse Sebwana. Naku était préparée par les rapports favorables de la servante à recevoir Kimyera avec gentillesse, mais quand elle vit ses proportions nobles et sa belle silhouette, elle devint violemment amoureuse de lui, et se tournant vers Sebwana, elle dit :

« Voyez-vous, nous avons des invités de valeur et de qualité. Ils doivent venir d'un pays lointain, car je n'ai entendu parler d'aucune tribu qui puisse se vanter d'avoir une telle jeunesse. Accueillons-le noblement, ainsi que son vieil ami. Qu'une maison proche de la nôtre soit préparée pour son logement, et qu'elle soit meublée d'une abondance de nourriture, de vin (vin de banane) et de lait, de bananes et d'ignames, d'eau et de combustible, et que rien ne manque pour montrer notre estime. pour eux." Sebwana a donné des ordres en conséquence et a procédé à la sélection d'une maison convenable comme logement pour les invités.

Alors Naku dit : « J'ai entendu dire que tu es doué en musique. Si c'est l'instrument de ta ceinture avec lequel tu as ravi ma servante, je serais heureux de t'entendre.

« Oui, Reine Naku, c'est ma flûte ; et si ma musique te ravit, mes meilleurs efforts sont à ton service.

Alors Kimyera, agenouillé sur les peaux de léopard placées pour sa commodité et celle de Mugema, sortit sa flûte, et après un ou deux fioritures, déversa des sons si mélodieux que Naku, incapable de garder les yeux ouverts, les ferma et se coucha. avec des seins haletants, tandis que ses sens étaient pour ainsi dire remplis de rêves de terres plus heureuses et de visages de personnes plus brillantes que jamais elle n'a connu dans la vraie vie. À mesure qu'il variait les notes, les visions joyeuses de son esprit variaient également. Lorsque la musique vibrait doucement à ses oreilles, son corps palpitait sous l'influence des émotions qui l'emportaient ; quand ils devinrent plus animés, elle secoua les bras et riait convulsivement ; et quand les notes prenaient un ton solennel, elle soupirait et pleurait comme si tous ses amis ne lui avaient laissé que leur tendre souvenir. Attristée que Naku souffre, Kimyera réveilla la reine de son triste état avec des tons qui la mirent bientôt debout, et voici, tout à coup, ceux qui étaient présents se joignirent à la danse animée, et on n'entendit d'eux que des rires gais. . Oh, c'était merveilleux de voir les changements rapides qui se produisaient chez les gens lorsqu'ils entendaient la flûte de Kimyera. Quand il eut fini, les gens commencèrent à se regarder d'un air stupide et confus, comme s'il leur était arrivé quelque chose de très étrange.

Mais Naku se rétablit rapidement et se rendit vers Kimyera en souriant et en disant :

« C'est à toi de commander, ô Kimyera. Résister à ta flûte serait impossible. Encore une fois bienvenue à Ganda, et nous verrons si nous ne pouvons pas te garder, toi et ta flûte, parmi nous.

Elle a conduit Kimyera et son père adoptif Mugema chez eux. Elle examinait attentivement les dispositions prises par les esclaves et, lorsqu'elle trouvait quelque chose d'anormal, elle le corrigeait de ses propres mains. Avant de se séparer d'eux, elle appela Mugema à part et l'interrogea davantage sur le jeune, ce qui lui permit d'obtenir de nombreux détails intéressants le concernant.

En arrivant chez elle, elle appela tous les pages de la cour et leur donna l'ordre que si Sebwana leur demandait de transmettre telles ou telles choses aux étrangers le lendemain, aucun d'eux ne le ferait, mais les porterait au cour arrière où seules les femmes étaient admises.

A la suite de cet ordre, Mugema et Kimyera se trouvèrent déserts le lendemain, et personne ne s'approcha d'eux. Mugema a donc demandé un entretien le lendemain avec la reine Naku et a déclaré :

« Les coutumes de ce pays nous semblent étranges, ô Reine. Le premier jour où nous sommes arrivés, tes faveurs nous ont comblés en abondance, mais le lendemain, personne ne nous a montré son visage. Si nous avions été dans un désert, nous n'aurions pas pu être plus seuls. Il est possible que nous t'ayons offensé à notre insu. Je vous en prie, faites-nous part de notre offense, ou permettez-nous de quitter immédiatement Ganda.

« Non, Mugema, je dois te demander d'être patient. Vous aurez de la nourriture en abondance, grâce à mes femmes, et bien plus encore vous sera réservé. Mais viens, je vais rendre visite au jeune étranger, et tu me conduiras vers lui.

Kimyera était plongé dans ses pensées depuis qu'il s'était séparé de Naku, et il n'avait pas remarqué de quoi Mugema s'était plaint ; mais en voyant Naku entrer dans sa maison, il s'empressa de poser des nattes sur le sol et, les recouvrant de peaux de léopard, supplia Naku de s'asseoir dessus. Il apporta dans ses bras des feuilles de bananiers fraîches et les étala près d'elle, sur lesquelles il disposa de la viande et du sel, des bananes et du lait caillé, et s'agenouilla devant elle comme un serviteur prêt.

Naku observait tous ses mouvements, son admiration pour sa personne et les grâces de son corps se renforçant à chaque minute. Elle éplucha une banane moelleuse et la lui tendit en disant : « Laisse Kimyera goûter et manger avec moi, et je saurai alors que je suis dans la maison d'un ami. »

Kimyera a accepté le cadeau avec remerciement et a mangé la banane comme s'il n'avait jamais rien mangé d'aussi délicieux de sa vie. Puis il éplucha aussi une belle banane mûre, et, la lui présentant des deux mains sur un fragment de feuille verte, lui dit :

« Reine Naku, c'est la coutume de mon pays que le maître de la maison serve ses invités. Accepte donc, ô Reine, cette banane comme gage d'amitié des mains de Kimyera.

La reine sourit, se pencha en avant, les yeux fixés sur les siens, prit le fruit jaune et le mangea comme si une telle douceur n'était pas connue au pays des bananes de Ganda.

Après avoir mangé, elle dit :

« Écoute, Kimyera, et toi, Mugema, écoute bien, car je suis sur le point de prononcer des paroles importantes. A Ganda, depuis la mort de mon père, il n'y a plus de roi. Sebwana est mon épouse par choix des anciens du pays, mais de nom seulement. Il n'est en réalité que ma *Kate-kiro* (Premier ministre). Mais je suis maintenant en âge de me choisir un roi, et selon la coutume, je peux le faire. C'est pourquoi je te fais savoir, Mugema, que j'ai déjà choisi mon seigneur et mon mari, et qu'il doit de droit occuper la chaise de mon père, le vieux roi qui est mort. Je me dis depuis avant-hier que mon seigneur et mari sera Kimyera.

Kimyera et Mugema se sont prosternés trois fois devant Naku et, après que le jeune se soit remis de sa confusion et de sa surprise, il a répondu :

« Mais, Reine Naku, as-tu pensé à ce que le peuple dirait de cela ? Ne se pourrait-il pas qu'ils demandent : « Qui est cet étranger pour qu'il règne sur nous ? et ils seront en colère contre moi et essaieront de me tuer ?

"Non. Car tu es le fils du frère de mon père, comme Mugema me l'a dit, et mon père n'ayant laissé aucun héritier mâle de son corps, sa fille peut, si elle le souhaite, s'allier avec un fils de son frère. Kalimera est le frère cadet de mon père. Tu vois donc que toi, Kimyera, tu as droit au siège du roi, si moi, Naku, je le veux.

« Et comment, Naku, proposes-tu d'agir ? Dans ta cause, mon bras est prêt à frapper. Tu n'as qu'à parler.

"De cette façon. Je vais maintenant te quitter, car j'ai des affaires pour Sebwana. Quand il sera parti, je t'enverrai chercher, et toi, quand tu viendras vers moi, tu devras dire : « Naku, je suis venu. Que peut faire Kimyera pour la reine Naku ? Et je me lèverai et dirai : « Kimyera, viens t'asseoir sur la chaise du frère de ton père. Et tu t'avanceras, t'inclineras trois fois devant moi, puis six fois devant le siège du roi, et, avec ta meilleure lance à la main et ton bouclier au bras, tu te dirigeras vers le siège du roi et, te tournant vers le peuple qui sera présent, dites à haute voix ainsi : « Voici, peuple de Ganda, je suis Kimyera, fils de Kalimera, par Wanyana d'Unyoro. Je déclare par la présente que, de son plein gré, je prends aujourd'hui pour épouse Naku, la fille du frère de mon père, et que je m'assois sur le fauteuil du roi. Que tous obéissent, sous peine de mort, à la parole du roi.

« C'est bien, Naku ; que ce soit selon ton souhait », répondit Kimyera.

Naku partit et partit à la recherche de Sebwana ; et, lorsqu'elle le trouva, elle affecta une grande détresse et une grande indignation.

« Comment ça va, Sebwana ? J'ai donné l'ordre que nos invités soient soignés avec tendresse et pourvus de tout ce qui est nécessaire. Mais je découvre, en me renseignant ce matin, que tout au long de la journée d'hier, ils sont restés seuls, s'étonnant de notre soudain mépris pour leurs besoins. Dépêchez-vous, mon ami, et réparez votre négligence. Allez dans mes champs et mes plantations, rassemblez tout ce qu'il y a de mieux pour nos hôtes, de peur qu'en nous quittant, ils ne proclament notre méchanceté.

Sebwana fut étonné de cette accusation de négligence et, en colère, s'empressa de découvrir les pages. Mais les pages, grâce aux bons soins de Naku, disparurent et ne purent être retrouvées ; de sorte que le vieux Sebwana était obligé de dépendre de quelques esclaves non armés pour conduire le bétail et transporter les plus beaux trésors des champs et des plantations de la reine à l'usage des étrangers.

Sebwana ayant enfin quitté la ville, Naku retourna à Kimyera, qu'elle trouva d'un air triste et inconsolable.

"Pourquoi, qu'as-tu, Kimyera ?" elle a demandé. « La chaise est désormais vacante. Armez-vous et suivez-moi jusqu'au tribunal.

« Ah, Nakou ! Je viens de me rappeler que je ne sais pas encore si ma mère et ma bonne nourrice sont vivantes ou mortes. Ils m'attendent peut-être anxieusement quelque part près de la Myanja, ou leurs os blanchissent peut-être dans l'une des grandes plaines que nous avons traversées pour venir ici.

« Non, Kimyera, mon seigneur, ce n'est pas le moment de pleurer. Pensez d'abord aux besoins présents. Le fauteuil du roi t'attend. Lève-toi et occupe-le, et demain tout Ganda sera à ton service pour retrouver ta mère et ta nourrice perdues. Venez, ne tardez pas, de peur que Sebwana ne revienne et ne se venge de nous tous.

« N'ayez crainte, Naku, ce n'était qu'un accès passager de chagrin qui a rempli mon esprit. Sebwana doit être fort et courageux pour me déposséder quand Naku est à mes côtés », disant que Kimyera s'est habillé en costume de guerre, avec une couronne de plumes de queue de coq sur la tête, une grande peau de léopard pendant de son cou jusqu'à son dos. , une ceinture de peau de singe blanche autour de la taille, le corps et le visage brillamment peints de vermillon et de safran. Il s'arma ensuite de deux lances brillantes et très longues, et portant un bouclier de peau d'éléphant séchée, qu'aucune lance ordinaire ne pouvait pénétrer, il suivit la reine Naku vers la cour d'audience du palais royal. Mugema, armé de la même manière, suivit son fils adoptif.

Alors que Kimyera avançait fièrement, le grand tambour de Ganda retentit et ses sons graves se firent entendre partout. Aussitôt le peuple, qui savait bien que l'appel du grand tambour annonçait un événement important, s'arma en toute hâte et remplit la grande cour. Ils trouvèrent Naku, la reine, assise sur une chaise à côté de celle du roi, désormais vide, et devant elle se trouvait un grand jeune étranger, qui se prosterna trois fois devant la reine. On le vit ensuite s'incliner six fois devant le fauteuil vide du roi. Se levant, il s'avança vers elle, puis fit face à la multitude qui le regardait avec étonnement.

Le jeune étranger, levant ses longues lances et levant son bouclier dans une attitude de défense, cria à haute voix, de sorte que tous entendirent sa voix :

« Voilà, peuple de Ganda ! Je suis Kimyera, fils de Kalimera, et Wanyana d'Unyoro. Je déclare par la présente que, de son plein gré, je prends aujourd'hui pour épouse Naku, la fille du frère de mon père, et que je m'assois sur le fauteuil du roi. Que tous obéissent, sous peine de mort, à la parole du roi.

En terminant ce discours, il recula d'un pas et s'assit gravement dans le fauteuil du roi. Un grand murmure s'éleva de la multitude, et l'on vit se dresser les flèches des lances, lorsque Naku se leva et dit :

« Peuple de Ganda, ouvrez vos oreilles. Moi, Naku, la reine légitime de Ganda, déclare par la présente que j'ai retrouvé le fils du frère de mon père, et moi, aujourd'hui, de mon plein gré et de mon grand amour pour lui, je le prends pour mon seigneur et mari. Kimyera occupe de plein droit le fauteuil du roi. Je vous demande à tous désormais d'être fidèles à lui, et à lui seul.

Alors qu'elle terminait son discours, le peuple poussa un grand cri de bienvenue au nouveau roi, et ils agitèrent leurs lances et les frappèrent contre leurs boucliers, signifiant ainsi leur allégeance volontaire au roi Kimyera.

Le lendemain, de grands groupes d'hommes forts furent expédiés dans différentes directions pour la mère du roi et sa nourrice, ainsi que pour Sebarija et les deux vaches, Namala et Nakaombeh. S'ils étaient vivants, ils étaient chargés de les transmettre avec honneur et soin à Ganda, et si une mésaventure fatale leur était arrivée, leurs restes devaient être portés avec tout le respect que je dois au roi.

Sebwana, quant à lui, était parti vers les plantations, et, entendant le tonnerre du grand tambour, devina que Naku l'avait déposé en faveur du jeune étranger. Pour s'en assurer, il envoya un esclave de confiance pour découvrir la vérité sur l'affaire, tandis qu'il cherchait un endroit où il pourrait attendre, sans être remarqué, le retour de son messager. Lorsque son esclave revint vers lui, il apprit quel grand événement s'était produit pendant sa courte absence et que son pouvoir avait été confié à un autre. Connaissant le sort réservé à ceux ainsi déposés, il se retira secrètement dans le district qui lui avait donné naissance, où il vécut dans l'obscurité et en sécurité jusqu'à sa mort dans une bonne vieillesse.

Après quelques jours, la femme de Sebarija et Mugema, ainsi que les deux vaches Namala et Nakaombeh, furent retrouvés sur les rives de Myanja, près d'une colline rocheuse qui renfermait une grotte, où ils s'étaient retirés pour chercher une habitation en attendant des nouvelles de Mugema. et Kimyera. Mais Wanyana, la mère du roi, alors qu'elle récupérait du combustible près de la grotte en l'absence de Sebarija et de la femme du potier, avait été mortellement blessée par un léopard, avant que ses cris n'amènent Sebarija à son secours. Peu de temps après avoir été emmenée dans la grotte, elle était morte de ses blessures, et son corps avait été enveloppé dans de telles fourrures et couvertures que possédaient ses amis, pour que Kimyera, à son retour, puisse être satisfait de la manière dont elle est morte. .

Kimyera, accompagné de sa femme Naku et du vieux Mugema, partit de Ganda avec une grande escorte pour recevoir le couple perdu depuis longtemps et la dépouille de Wanyana. Mugema se réjouit de revoir son ancienne épouse, même s'il regretta profondément la perte de son amie la princesse. Quant au roi, son chagrin était excessif, mais Naku, avec ses manières aimantes, l'aida à supporter son grand malheur. Une période de deuil, pendant une lune entière, fut imposée à tout le peuple, après quoi un grand monticule fut construit à Kagoma sur les restes de la malheureuse princesse, et Sebarija fut dûment installé comme gardien du monument.

Depuis ce jour, il est devenu d'usage d'enterrer les reines-mères près de la tombe de Wanyana, et de nommer des gardiens du cimetière royal à la mémoire de Sebarija, qui occupa le premier ce poste.

Pendant qu'il vivait, Sebarija reçut la visite, le premier jour de chaque lune alternative, de Kimyera, qui amenait toujours avec lui un jeune buffle en cadeau au fidèle berger. Durant ces jours, le roi et Sebarija avaient l'habitude de jouer de la flûte ensemble comme ils le faisaient autrefois, et leurs sièges étaient sur des nattes placées au sommet du monticule, tandis que l'escorte et les serviteurs du roi et de la reine étaient assis tout autour du pied. et c'est ainsi que la mémoire de Wanyana fut honorée durant la vie de son fils.

Kimyera s'installa finalement avec la reine Naku à Birra, où il construisit une grande ville. Mugema et sa femme, avec leurs deux vaches Namala et Nakaombeh, ont vécu près du palais pendant de nombreuses années, jusqu'à leur mort.

Darkness et Wood-burr accompagnèrent le roi dans de nombreuses chasses dans les plaines bordant la Myanja, dans les bois de Ruwambo et le long des lacs qui regardent vers Bussi ; et ils moururent à leur tour et furent honorablement enterrés avec de nombreux plis de tissu d'écorce. La reine Naku, après avoir donné naissance à trois fils, mourut lors de la naissance de son quatrième enfant et fut enterrée avec un grand honneur près de Birra, et finalement, après avoir vécu jusqu'à un grand âge, le roi chasseur, Kimyera, mourut, pleuré par tous. son peuple.

Chapitre dix.

La légende de la léoparde et de ses deux servantes, le chien et le chacal.

La légende suivante a également été racontée par Kadu alors que nous approchions de la cataracte d'Isangila.

Il y a bien longtemps, dans les premiers temps de l'Ouganda, une léoparde, ayant besoin d'un serviteur pour accomplir les corvées dans sa tanière, fut sollicitée par un chacal pour l'engager pour accomplir cette tâche. Comme Chacal avait une apparence très méfiante, avec ses oreilles tirées en arrière, ses yeux furtifs et son sourire qui semblait toujours être un regard méprisant, la Léopard consulta Chien, qu'elle avait récemment engagé comme intendant, sur l'opportunité de faire confiance à un animal aussi rusé.

Dog trottina jusqu'à l'entrée de la tanière pour examiner l'étranger par lui-même et, après l'avoir examiné de près, demanda à Jackal quel travail il pouvait faire. Chacal répondit humblement et avec gentillesse et dit qu'il pouvait aller chercher de l'eau au ruisseau, ramasser du combustible, balayer la maison et qu'il était prêt, si nécessaire, à cuisiner de temps en temps, car il n'était pas novice dans l'art de la cuisine ; » et regardant Léopard : « J'aime beaucoup les petits et je suis très habile à les allaiter. Maîtresse Léopard, en entendant cela, parut impressionnée par les capacités de Chacal, et, sans attendre l'avis de Chien, l'engagea aussitôt et lui dit :

« Chacal, tu dois comprendre que ma coutume est de bien nourrir mes serviteurs. Ce qui reste de ma table est si abondant que je n'ai entendu aucune plainte de la part de ceux qui ont été avec moi. Vous ne devez donc pas craindre la famine, mais même si vous pouvez compter sur un approvisionnement en viande en abondance, vous ne devez pas toucher aux os. Le chien sera votre compagnon, mais ni lui ni personne d'autre n'est autorisé à toucher les os.

«Je serai très contente, Maîtresse Léopard. La viande est assez bonne pour moi, et pour une bonne viande, vous pouvez compter sur elle, je vous donnerai du bon travail.

La maison de Maîtresse Léopard était terminée ; elle ne souffrait d'aucune inquiétude et s'amusait à sa manière. La chasse était son grand plaisir. La forêt et les plaines regorgeaient de gibier, et chaque matin, au lever du soleil, elle avait l'habitude de partir à la chasse, et à peine un jour se passait sans qu'elle ne revienne avec suffisamment de viande pour engraisser sa maison. Chien et Chacal se disaient ravis des repas succulents qu'ils dégustaient, et une rondeur élégante témoignait qu'ils s'en sortaient noblement. Mais comme cela arrive souvent chez les gens qui ont tout ce qu'ils désirent, Dog, en peu de temps, devint plus gentil et plus exigeant dans ses goûts. Il avait envie des os qui lui étaient interdits et on l'entendait soupirer profondément chaque fois que Maîtresse Léopard récupérait les os et les stockait à l'intérieur, et ses yeux se remplissaient de larmes alors qu'il regardait les riches morceaux rangés. Ses sentiments devenant enfin intolérables, il résolut de faire appel un jour à sa maîtresse, qui paraissait d'humeur plus aimable que d'habitude, et lui dit :

« Maîtresse, grâce à vous, la maison est toujours bien approvisionnée en viande, et aucun de vos domestiques n'a aucune raison de penser qu'il souffrira jamais des affres de la faim ; mais, pour ma part, ma maîtresse, je désire encore une chose, si vous voulez bien l'accorder.

"Et qu'est-ce que ça peut être, gourmand ?" demanda Léopard.

« Eh bien, voyez-vous, maîtresse, je crains que vous ne compreniez pas très bien la nature des chiens. Vous devez savoir que les chiens adorent la moelle et la préfèrent souvent à la viande. Cette dernière en elle-même est bonne, mais aussi abondante et bonne soit-elle, sans un morceau occasionnel de moelle, elle est susceptible de pâlir. Les chiens aiment aussi aiguiser leurs dents sur les os et visser leur langue dans les trous pour profiter du jus riche. À elle seule, la moelle ne grossirait pas mes côtes ; mais la viande avec de la moelle est des plus délicieuses. Maintenant, bonne maîtresse, voyant que j'ai été si fidèle à votre service, si docile et si prompt à exécuter vos ordres, n'aurez-vous pas la bonté de me laisser ronger les os et extraire la moelle ?

« Non, » rugit Léoparde d'un ton décisif, « c'est absolument interdit ; et laissez-moi vous avertir que le jour où vous oserez le faire, un événement étrange se produira soudainement, qui aura des conséquences très graves pour vous et pour tous dans cette maison.

"Et toi, Chacal, garde bien à l'esprit ce que je dis", continua-t-elle en se tournant vers ce servile subordonné.

"Oui Maîtresse; Je le ferai, très certainement. En effet, je ne me soucie pas beaucoup des os, dit Chacal, et j'espère que mon ami et compagnon Chien se souviendra, bonne maîtresse, de ce que vous dites.

"J'entends, maîtresse," répondit Chien, "et puisque c'est votre volonté, je dois obéir."

Les paroles alarmantes de Léopard ont eu pour effet de contraindre Chien et Chacal pendant un certain temps à renoncer même à penser à la moelle, et la supplication de Chien semblait avoir été oubliée par Léopard, bien que Chacal en soit bien conscient, par les étincelles dans les yeux avides de Chien. quand un gros os était près de lui, comme il lui était difficile de résister à la tentation. Jour après jour, la Léopard sortait de sa tanière et revenait avec des chevreaux, des chèvres, des moutons, des antilopes, des zèbres et souvent une jeune girafe ; et un jour, elle amena un grand buffle dans sa maison, et des petits et des serviteurs accoururent pour la saluer et louer sa chasse réussie.

Ce jour-là, Dog se chargea de préparer le dîner. La viande de buffle était cuite d'une manière exquise, et lorsqu'elle fut retirée de la grande marmite, fumante et ruisselant de jus partout, Dog aperçut un fémur et une moelle jaune luisant à l'intérieur. La tentation de le voler était trop grande pour y résister. Il parvint à remettre l'os dans la marmite, garnit rapidement le plateau avec la viande et envoya Chacal avec elle à Léopard, disant qu'il suivrait avec les brochettes et le ragoût. Dès que Chacal fut sorti de la cuisine, Chien sortit l'os de la marmite et le cacha sournoisement ; puis, chargeant du ragoût et des brochettes sur un plateau, il se précipita après Chacal et commença à s'affairer officieusement, flattant Léopard, caressant les petits en les plaçant près de leur maman autour des plateaux fumants, grondant Chacal pour sa paresse et lui ordonnant de se dépêcher. avec les steaks. Tout cela, bien sûr, était dû à sa joie d'avoir en réserve une friandise rare, bien cachée.

Léoparde était heureuse de faire de nombreux éloges sur la cuisine de Chien, et les petits daignaient même sourire pour montrer leur approbation pour l'excellente façon dont leurs besoins étaient satisfaits.

Vers le soir, Maîtresse Léopard sortit de nouveau, mais non sans avoir rappelé à Chacal ses devoirs envers les petits, et lui avoir demandé, s'il était tard avant son retour, de ne en aucun cas les laisser seuls dans l'obscurité. Dog suivit en souriant sa maîtresse jusqu'à la porte, lui souhaitant, de la manière la plus flatteuse, plein succès. Lorsqu'il crut que sa maîtresse était assez loin et que Chacal était très occupé avec les petits, Chien se précipita vers la cuisine et, prenant son os, s'enfuit de la maison et l'emporta à une distance considérable. Lorsqu'il se crut à l'abri de l'observation, il se coucha et, plaçant l'os entre ses pattes, était sur le point de satisfaire son envie de moelle, quand voilà ! on a vu l'os s'envoler vers la tanière. Étonné d'un événement aussi curieux, furieux de sa déception et quelque peu alarmé en se souvenant des paroles d'avertissement de Léoparde, il se précipita après lui en criant :

« Chacal, Chacal ! ferme la porte; l'os arrive. Chacal, s'il te plaît, ferme la porte.

Heureusement, Chacal était à la porte, accroupi sur ses hanches, venant d'arriver là après avoir allaité les petits, et vit l'os venir droit vers lui, et le Chien galopait et criait pour fermer la porte. Comprenant rapidement que Chien avait enfin laissé son appétit prendre le dessus sur son devoir, et ayant, à vrai dire, de la sympathie pour son compagnon de service, Chacal ferma la porte juste à temps, car environ une seconde après, le un os frappa la porte avec une force énorme, la marquant profondément.

Puis Chacal se tourna vers Chien, après s'être remis de son étonnement, et demanda avec colère : « Oh, Chien, tu sais ce que tu fais ? N'avez-vous aucun sens ? Cette fois, tu as failli me tuer. Je vais te dire, mon ami, si Maîtresse Léopard entend parler de ça, ta vie ne vaut pas une plume.

« Maintenant, s'il te plaît, bon Chacal, ne dis rien de cela cette fois. La frayeur que j'ai eue est bien suffisante pour m'empêcher de toucher à nouveau un os.

"Eh bien, je suis sûr que je ne vous souhaite aucun mal, mais pour le bien de votre vie, ne soyez pas ennuyeux au point d'oublier la leçon que vous avez apprise."

Peu après, la Léopard revint avec une petite antilope pour le petit-déjeuner du lendemain et cria à Chacal, comme c'était son habitude avec elle au retour de la chasse :

« Maintenant, mon chacal, amène les petits ici ; mes fouilles sont si lourdes. Comment vont les petits ?

très bien, madame : les pauvres petits chéris, ils dorment doucement depuis que vous êtes sortie.

Quelques jours plus tard, Léopard a amené un gros jeune zèbre et Chacal a fait preuve de tout son talent pour le préparer pour le dîner. Dog a également aidé par de sages suggestions à la préparation de certains auxiliaires du festin. Quand tout fut prêt, Chien mit la table, et aussi vite que Chacal apportait les différents plats, Chien les disposa de la manière la plus alléchante sur des feuilles de bananiers fraîches, étalées sur le vaste plateau. Juste avant de se mettre à table, Léopard entendit un bruit étrange au dehors et se dirigea vers la porte en grognant de colère d'être dérangée. Dog saisit aussitôt l'occasion de son absence pour extraire un gros os d'un des plateaux et le rangea dans un renfoncement du mur du passage menant à la cuisine. Bientôt la Léopard revint, et lorsque les petits furent amenés, le repas se poursuivit en silence. Quand ils eurent tous suffisamment mangé, le bon effet en fut suivi par des éloges sur la cuisson, le goût juteux de la viande et la façon dont Chacal avait tout préparé. Chien n'a pas non plus été oublié par la maîtresse et ses petits, et il a été renvoyé avec les nombreux restes du festin pour lui et son compagnon, avec l'espoir courtois qu'ils en trouveraient suffisamment et en réserve.

Dans l'après-midi, la Léopard, après s'être rafraîchie avec une sieste, sortit encore une fois, enjoignant au Chacal, alors qu'elle sortait de la tanière, d'être attentif à ses petits pendant son absence.

Pendant que son ami Jackal se dirigeait vers les petits, Dog extrayait subrepticement son os de la cavité du mur du passage et trottait sans être remarqué. Lorsqu'il fut arrivé dans un endroit isolé, il se coucha et, saisissant l'os entre ses pattes, était sur le point de lui donner un premier coup de langue, quand de nouveau, à sa grande consternation et alarme, l'os s'envola droit vers la porte. . Le chien courut après lui aussi vite que ses membres pouvaient le porter, en criant :

« Oh, Chacal, Chacal, bon Chacal ! Ferme la porte. Dépêche-toi. Ferme la porte, bon Chacal.

De nouveau, Chacal entendit le cri de son ami et se leva pour fermer la porte, et à l'instant où il l'eut fait, l'os la frappa avec une force épouvantable.

Se tournant vers le Chien découragé et haletant, Chacal dit sévèrement : « Vous êtes un gars sympa, vous l'êtes. Je vois bien ta fin. Maintenant écoute, c'est la dernière fois que je t'aide, mon ami. La prochaine fois que vous prendrez un os, vous en supporterez les conséquences, alors faites attention.

« Voyons, Chacal, ne dis rien maintenant ; Je ne regarderai plus un os, je vous fais une promesse solennelle.

« Tenez-vous-en à cela et vous serez en sécurité », répondit Jackal.

Le pauvre Chien, cependant, ne put en aucun cas tenir sa promesse, car quelques jours après, la Léopard lui apporta un gros jeune élan, et il trouva l'occasion d'en extraire un bel os à moelle avant de servir sa généreuse maîtresse. Tard dans l'après-midi, après le dîner et la sieste, la Léopard, avant de sortir, répéta ses instructions habituelles à Chacal, et pendant que le fidèle serviteur se retirait pour ses devoirs d'infirmière, le Chien avide cherchait son os et s'enfuyait dans la forêt avec. Cette fois, il est allé plus loin que d'habitude. Chacal, pendant ce temps, trouvant les petits indisposés au sommeil, les conduisit jusqu'à la porte de la tanière, où ils s'agitaient et gambadaient avec toute la vivacité d'un élevage. Chacal était assis à distance de la porte lorsqu'il entendit les cris de Chien. « Oh, Chacal, Chacal, bon Chacal ! Fermez la porte rapidement. Attention à l'os. Ça arrive. Fermez vite la porte.

« Ha, ha ! ami Chien! On recommence, hein ? » dit le Chacal. "Il est trop tard, trop tard, mon cher toutou, les oursons sont dans l'embrasure de la porte." Cependant, il leva les yeux et vit l'os arriver à une vitesse effrayante ; il l'entendit siffler alors qu'il volait au-dessus de sa tête, et presque immédiatement après, il frappa l'un des petits, le tuant sur le coup.

Chacal sembla rapidement réaliser les conséquences de l'acte de Chien et de sa propre insouciance, et sentant que désormais la tanière de la Léopard ne serait plus un foyer pour lui, il résolut de s'échapper. À ce moment-là, Chien arriva et, voyant le petit mort, il poussa un hurlement pitoyable.

"Oui," dit Chacal. «Espèce d'imbécile, vous commencez à voir ce que votre cupidité nous a tous apporté. Continuez à hurler, mon ami, mais vous hurlerez différemment lorsque Maîtresse Léopard découvrira son petit mort. Pensez-vous à la façon dont tout cela va se terminer. Notre puissante maîtresse, si elle vous attrape, vous fera de la viande hachée. Je ne peux pas non plus rester plus longtemps ici. Ma maison doit être un terrier dans la forêt sauvage, ou dans le futur dans une grotte rocheuse. Que ferez-vous?"

« Moi, Chacal ? Je ne sais pas encore. Allez, si vous le voulez, et mourez-vous de faim. J'espère trouver un meilleur foyer qu'un terrier exigu ou l'abri froid d'une grotte. J'aime trop la chaleur, les feux de cuisine et l'odeur des viandes rôties pour me confier au refuge froid que vous proposez de rechercher, et mon manteau est trop fin pour la rude vie en plein air.

«Écoutez!» s'écria Chacal, tu entends ça ? C'est le message d'avertissement de la maîtresse ! Adieu, Doggie. Je rêverai de toi cette nuit, allongée sous la patte de la Léopard.

Chacal n'a pas voulu en dire davantage, mais il s'est enfui des lieux, et depuis ce jour jusqu'à ce jour, Chacal est un vagabond. Il aime l'obscurité et le crépuscule. C'est à ces moments-là qu'on entend son cri. Il est très égoïste et lâche. Il n'a pas le courage de tuer quoi que ce soit pour lui-même, mais préfère attendre, en se léchant les babines, que le lion ou le léopard, qui a frappé le gibier, se soit gavé.

Quant à Dog, il avait terriblement peur, mais après une petite délibération, il résolut d'affronter la situation jusqu'à ce qu'il soit certain du danger. Il transporta rapidement les petits, vivants et morts, à l'intérieur, puis attendit avec une anxiété bien dissimulée l'arrivée de sa maîtresse.

La Léoparde arriva bientôt et fut accueillie à la porte par le chien obséquieux avec un accueil flatteur.

« Où est Chacal ? » demanda Léopard en entrant.

"Je regrette de dire qu'il n'est pas encore revenu d'une visite qu'il a dit devoir rendre à ses amis et à sa famille, qu'il n'avait pas vus depuis si longtemps", a répondu Dog.

« Alors vas-y et amène-moi mes petits. Pauvres petits chéris, ils doivent avoir faim à cause de ça, et mon lait me trouble, ordonna la maîtresse.

Dog est parti facilement, pensant en lui-même : « Je suis partant maintenant. » Il revint bientôt, portant un des petits, et le déposa.

« Apportez vite l'autre », cria Léopard.

"Oui, madame, immédiatement", dit-il.

Le chien a repris le même petit, mais peu de temps après, il est revenu avec lui. Le petit, déjà satisfait, ne voulut pas toucher à la tétine.

« Va chercher l'autre, imbécile », s'écria Léopard, observant qu'il ne serait pas nul.

"C'est l'autre, maîtresse," répondit-il.

"Alors pourquoi ça ne craint pas?" elle a demandé.

"Peut-être n'a-t-il pas digéré son dîner."

« Où est Chacal ? Il n'est pas encore revenu ? Chacal!" elle a pleuré. « Où es-tu, Chacal ?

Depuis la jungle, Jackal a crié de façon stridente : « Me voici, maîtresse !

"Viens à moi tout de suite", ordonna Léopard.

« J'arrive, maîtresse, j'arrive », répondit faiblement la voix de Chacal, car au son de son appel il avait été alarmé et il partait au trot.

« Eh bien, qu'a donc cette brute qui se moque de moi de cette manière ? Tiens, Chien, emmène ce petit au berceau.

Le chien s'empressa d'obéir, mais la Léopard, dont les soupçons avaient été éveillés, le suivit tranquillement alors qu'il entrait dans l'embrasure de la porte menant au renfoncement intérieur de la maison où était placé le berceau. Après avoir placé les vivants près du lionceau mort dans le berceau, Chien se tourna pour partir, quand il vit sa redoutable maîtresse dans l'embrasure de la porte, la regardant avec des yeux féroces et distendus, et il comprit qu'elle avait découvert la vérité, et la peur accéléra. ses membres s'élancèrent comme une flèche entre ses jambes et se précipitèrent hors de la tanière. Avec un grand rugissement de fureur, la Léoparde se précipita après lui, le Chien courant pour sauver sa vie. Sa maîtresse gagnait du terrain lorsque Chien se détourna et courut autour des arbres. De nouveau, la Léopard se rapprochait rapidement, lorsque Dog tira immédiatement et augmenta un peu la distance qui les séparait. Alors qu'on pourrait croire que Chien n'avait aucun espoir d'échapper à sa féroce maîtresse, il aperçut un terrier de phacochère dans lequel il plongea instantanément. La Léopard est arrivée au trou dans le sol alors que la queue du Chien disparaissait de sa vue. Étant trop grande pour y entrer, elle déchira l'entrée du terrier, étendant de temps en temps sa patte loin à l'intérieur pour tâter sa victime. Mais le terrier était très long et s'enfonçait profondément, et elle fut finalement obligée de renoncer à ses tentatives frénétiques pour atteindre le fugitif.

Réfléchissant un moment, Léopardss regarda autour d'elle et vit Singe à proximité, assis gravement sur une branche, qui l'observait.

« Descends, Singe », ordonna-t-elle impérativement, « et asseyez-vous près de ce terrier et observez l'esclave meurtrier qui s'y trouve, pendant que je me procure du matériel pour l'enfumer. »

Le singe obéit et, descendant de l'arbre, prit position à l'entrée du terrier. Mais il se rendit compte que si Dog s'aventurait dehors, sa force serait incapable de lui résister. Il pria donc Léopard de rester un moment, le temps qu'il aille apporter une pierre avec laquelle il pourrait boucher solidement le trou. Lorsque cela fut fait, Léopardesse dit : « Maintenant, reste ici et ne bouge pas jusqu'à mon retour ; Je ne tarderai pas, et quand je viendrai, je le soignerai.

La Léopard, laissant le terrier sous la garde du Singe, commença à ramasser une grande quantité d'herbe sèche, puis se rendit dans sa maison pour se procurer du feu pour l'allumer et étouffer le Chien avec la fumée.

Le chien, peu de temps après être entré dans le terrier, s'était retourné et faisait face au trou, pour être prêt à toutes les urgences. Il avait entendu Leopardess donner ses ordres à Monkey, avait entendu les plans de Monkey pour le bloquer, ainsi que la menace de Leopardess de l'enfumer. Il n'y avait pas beaucoup d'espoir pour lui s'il restait plus longtemps.

Au bout d'un moment, il s'approcha du rocher qui bloquait sa sortie et murmura :

"Monkey, laisse-moi sortir, c'est un bon garçon."

"Ce n'est peut-être pas le cas", répondit Monkey.

« Ah, Singe, pourquoi es-tu si cruel ? Je ne vous ai fait aucun mal. Pourquoi me surveillez-vous pour empêcher ma fuite ?

«J'obéis simplement aux ordres, Chien. La Léopard dit : « Restez ici et observez, et veillez à ce que le Chien ne s'échappe pas ; » et je dois le faire, sinon il m'arrivera du mal, comme vous le savez.

Puis Dog dit : « Singe, je vois que tu as aussi un cœur cruel, même si je pensais que seuls les Léopards pouvaient s'en vanter. Puissiez-vous ressentir un jour le profond désespoir que je ressens dans mon cœur. Laissez-moi vous dire encore un mot avant de mourir. Approche ta tête de moi pour l'entendre.

Le Singe, curieux de savoir de quoi pourrait parler le dernier mot, plaça son visage entre le rocher et la terre et regarda à l'intérieur, sur quoi le Chien jeta tellement de poussière et de sable dans ses yeux rusés qu'il faillit l'aveugler.

Monkey recula en titubant depuis l'entrée, et tout en joignant ses yeux pour arracher le sable, Dog posa ses pattes avant contre le rocher et le fit bientôt rouler. Puis, après avoir rapidement inspecté les environs, Dog s'est enfui comme le vent de l'endroit dangereux.

Monkey, après avoir dégagé ses yeux de la saleté jetée dedans et révisé sa position, commença à s'inquiéter de son propre sort. Il ne fallut pas longtemps avant que son esprit rusé conçoive que ce serait une bonne idée de placer quelques noix molles dans le terrier et de remettre la pierre à sa place.

Lorsque la Léopard revint avec le feu, on lui dit que Chien était enfermé en toute sécurité à l'intérieur, sur quoi elle empila l'herbe sur le terrier et y mit le feu.

Bientôt, un crépitement se fit entendre à l'intérieur.

"Qu'est-ce que ça peut être?" demanda Léopard.

"Ce doit sûrement être une des oreilles de Chien que vous avez entendu exploser", répondit Monkey.

Peu de temps après, un autre crépitement se fit entendre.

"Et qu'est ce que c'est que ça?" demanda Léopard.

"Ah, ça doit être l'autre oreille bien sûr," répondit Monkey.

Mais à mesure que le feu devenait plus chaud et que la chaleur intérieure augmentait, on entendit un grand nombre de ces sons, auxquels Singe riait joyeusement et criait :

« Ah ah ! entendez-vous? Le chien est en train de se briser en morceaux maintenant. Oh, il brûle bien ; tous les os de son corps se fissurent. Ah, mais c'est une mort cruelle, n'est-ce pas ?

"Laissez-le mourir", cria violemment la Léopard. "Il a tué l'un de mes jeunes oursons, l'un des plus adorables petits animaux que vous ayez jamais vus."

La Léopard et le Singe restèrent tous deux au terrier jusqu'à ce que le feu soit complètement éteint, puis le premier dit :

"Maintenant, Singe, apporte-moi un long bâton avec un crochet au bout, afin que je puisse arracher les os de Chien et en régaler mes yeux."

Le singe s'empressa de se procurer le bâton avec lequel on ratissait les braises, quand la Léoparde s'écria :

« Quelle drôle d'odeur ! Ce n'est pas du tout ce qu'on pourrait attendre d'un chien brûlé.

"Ah," répondit Monkey, "Le chien doit être complètement brûlé par ça. Cela ne fait aucun doute. Avez-vous déjà brûlé un chien avant de connaître si bien l'odeur de son corps brûlé ?

« Non », dit la Léoparde ; « Mais ce n'est pas comme l'odeur de la viande rôtie. Ramassez toutes les cendres pour que je puisse voir les os et me satisfaire.

Le singe, obligé de faire ce qu'on lui ordonnait, mit son bâton et en sortit plusieurs noix à moitié cuites, dont les coquilles étaient fêlées et béantes. Ces Léopardes ne les aperçurent pas plus tôt qu'elle saisit le Singe et cria furieusement :

« Misérable, tu m'as trompé et tu as joué avec moi ! Vous avez permis au meurtrier de mon petit de s'échapper, et votre vie sera désormais le gage de la sienne.

« Pardon, puissante Léopard, mais laissez-moi vous demander comment proposez-vous de me tuer ? »

"Pourquoi, misérable esclave, comment devrais-je te tuer autrement qu'avec une seule égratignure de mes griffes ?"

« Non, grande reine, mon sang tombera sur votre tête et vous étouffera. Il vaut mieux pour toi que tu me jettes au-dessus de cette branche épineuse, afin que lorsque je tomberai dessus, les épines pénétreront dans mon cœur et me tueront.

A peine Monkey avait-il fini, que la féroce Léoparde lança Monkey vers le haut comme il l'avait ordonné ; mais celui-ci saisit la branche et s'assit, et de là il sauta vers une autre encore plus haute, et de là de branche en branche et d'arbre en arbre jusqu'à ce qu'il soit à l'abri de toute poursuite possible.

Léoparde s'aperçut qu'une autre de ses victimes prévues s'était échappée et fut furieuse de rage.

« Descends immédiatement », cria-t-elle à Monkey, espérant qu'il lui obéirait.

«Non, Léoparde. On m'a dit, et la forêt en est pleine, que votre cruauté a chassé de vous Chacal et Chien, et qu'ils ne vous serviront plus jamais. Les gens cruels ne peuvent jamais compter sur des amis. Moi et ma tribu, qui vous êtes depuis si longtemps serviteurs, vous serons désormais étrangers. Portez-vous bien.

Un grand bruissement se fit entendre dans les arbres au-dessus de nous alors que Monkey et sa tribu s'éloignaient du district de la cruelle Léopard qui, dévorée de rage, fut obligée de partir sans aucune de ses pensées vengeresses satisfaites.

En retournant à sa tanière, Léoparde se souvint de l'Oracle, qui était son ami, et qui sans doute, à ses sollicitations, lui révélerait les cachettes du Chacal et du Chien. Elle se dirigea vers la grotte de l'Oracle, qui était un indescriptible pratiquant la sorcellerie dans la partie la plus sauvage du district.

Elle raconta à cet être curieux l'histoire du meurtre de son petit par Chacal et Chien, et lui demanda de l'informer par quel moyen elle pourrait découvrir les criminels et se venger d'eux.

L'Oracle répondit : « Le chacal est parti dans la forêt sauvage, et lui et sa famille y resteront désormais toujours, pour dégénérer avec le temps en une race suspecte et lâche. Le chien a fui pour se réfugier dans la maison de l'homme, pour être son compagnon et son ami, et pour servir l'homme contre vous et les vôtres. Mais de peur que vous ne m'accusiez de mauvaise volonté à votre égard, je vais vous dire comment vous pouvez attraper Dog si vous êtes intelligent et ne laissez pas votre caractère dépasser votre prudence. Non loin de là se trouve un village appartenant à une tribu humaine, près duquel se trouve une grande fourmilière, où les papillons de nuit voltigent chaque matin au soleil du premier jour. À peu près au même moment, Dog quitte le village pour faire du sport, gambader et chasser les papillons de nuit. Si vous parvenez à trouver un endroit caché non loin de là, où vous pouvez vous attendre silencieusement, le chien peut être attrapé par vous à un moment d'imprudence alors qu'il est en train de jouer quotidiennement. J'ai parlé."

Léopard remercia l'Oracle et se retira en réfléchissant à ses conseils. Cette nuit-là, la lune était très claire et brillante, et elle sortit de sa tanière, et se dirigeant plein ouest comme on lui l'avait indiqué, en quelques heures elle découvrit le village et la fourmilière décrits par l'Oracle. Près du monticule, elle trouva également un buisson épais et dense, rendu encore plus dense par les hautes herbes sauvages qui l'entouraient. Au plus profond de tout cela, elle s'accroupit, attendant le matin. A l'aube, le village où vivaient hommes et femmes était en activité, et au lever du soleil les portes s'ouvraient. Un peu plus tard, Dog se signala par ses aboiements bien connus alors qu'il sortait pour faire son exercice du matin. Sans se douter de la présence de sa défunte maîtresse, il gravit la colline et commença à tourner en rond, pourchassant les papillons animés. La Léopard, poussée par sa colère, n'attendit pas que Chien, fatigué de son sport, s'égare de lui-même parmi les buissons, mais poussant un grand rugissement jaillit de sa cachette. Chien, averti par sa voix qu'il connaissait bien, mit sa queue entre ses jambes et se précipita par les portes ouvertes et alarma ses nouveaux maîtres, qui sortaient en masse de leurs maisons avec des armes terribles à la main , qui la poursuivaient et auraient voulu elle l'aurait tuée si elle n'avait pas sauté par-dessus la clôture. Ainsi Léopardesse perdit sa dernière chance de venger la mort de son petit ; mais alors qu'elle rentrait chez elle, sa mortification était si grande qu'elle jura d'enseigner à son jeune enfant l'hostilité éternelle envers Dog et toute sa tribu. Dog également, convaincu que sa défunte maîtresse nourrissait un ressentiment implacable lorsqu'elle était offensée, devint plus prudent, et une vie continue avec ses nouveaux maîtres augmenta son attachement pour eux. Lorsqu'il s'est finalement marié et a eu la chance d'avoir une progéniture, il a enseigné à ses chiots divers arts par lesquels ils pourraient s'attirer de plus en plus les bonnes grâces de la race humaine. Il vécut dans le confort et l'abondance jusqu'à une belle vieillesse, et eut la satisfaction de voir sa famille grandir de plus en plus dans l'estime de ses généreux maîtres, jusqu'à ce que les chiens et les hommes deviennent des compagnons inséparables.

La Léopard et son petit se sont éloignés de la maison associée à son malheur, mais bien que le Temps ait guéri la vive plaie de son deuil en la bénissant chaque année avec plus de petits, sa haine pour Dog et son espèce a duré et continue jusqu'à ce jour. C'est ainsi que fut rompue à jamais la camaraderie amicale qui régnait entre les animaux de la forêt pendant l'âge d'or de l'Ouganda.

Pour prouver la véracité de ce que j'ai dit, réfléchissez à la question dans votre esprit. Considérez le singe qui, à la moindre alarme, saute dans l'arbre et n'y reste que lorsqu'il s'est mis hors de portée. Pensez au chacal dans sa triste solitude au fond des entrailles de la terre, ou dans le recoin rocheux le plus éloigné qu'il puisse découvrir, toujours aux aguets contre un ennemi, trop plein de méfiance pour avoir un ami, le plus égoïste et le plus lâche d'entre tous. la communauté forestière. Le Léopard est l'ennemi à tout moment, nuit et jour, de tous les animaux, à l'exception du lion et de l'éléphant. Quant au Chien, où est l'homme qui ne connaît pas sa fidélité, son courage dans les moments de danger, son souci attentif de ses intérêts la nuit et son amour honnête pour la famille qui le nourrit ? Mon histoire est ici terminée.

Chapitre onze.

Une deuxième version de l'histoire du léopard et du chien.

Sarboko, originaire d'Unyoro, un pays situé au nord de l'Ouganda, et employé comme page par Mtesa, roi d'Ouganda, a protesté que sa version de la façon dont le chien s'est séparé du léopard, son ami, était fausse. plus proche de la vérité que celle donnée par Kadu. Comprenant qu'il était enclin à contribuer à notre amusement, pour une raison qui lui est propre, nous nous sommes rangés autour du feu de camp de la manière habituelle et nous nous sommes préparés à écouter une autre version d'une légende populaire parmi la plupart des tribus habitant dans le pays. Région des Lacs.

Comment le chien a déjoué le léopard.

Autrefois, il y avait un chien et un léopard qui vivaient ensemble dans une grotte, comme des amis. Ils partageaient et s'en sortaient de la même manière. Exactement la moitié de tout et un effort égal étaient les conditions dans lesquelles ils vivaient. De nombreux et nombreux raids célèbres parmi les troupeaux et les volailles dans les villages humains qu'ils ont créés. Le léopard était de loin le plus fort et le plus audacieux, et il réussissait le mieux à attraper ses proies. Chien vivait si bien du butin ramené à la maison par son ami qu'il finit par devenir gros et paresseux, et il commença à détester sortir la nuit sous la pluie et la rosée froide, et pour cacher cette habitude croissante au Léopard, il dut être très rusé. Il inventait toujours une excuse ou une autre pour expliquer pourquoi il n'apportait rien au garde-manger commun, et finalement il trouvait un nouveau plan pour se sauver du labeur et du danger.

Un jour, peu avant le crépuscule, Léopard et Chien discutaient ensemble lorsque Léopard dit qu'il avait l'intention cette nuit-là d'attraper une belle et grosse chèvre noire qu'il avait observée dans le village le plus proche de leur tanière. Il l'avait vu grossir chaque jour et il était déterminé à le ramener à la maison.

"Est-ce noir?" s'écria Chien. "C'est étrange, car c'est aussi la couleur de celui que je comptais attraper ce soir."

Les deux amis dormirent jusqu'à la fin de la majeure partie de la nuit, mais lorsqu'il y eut des signes que le matin n'était pas loin, ils se dirigèrent silencieusement vers leur travail.

Ils se séparèrent au village que Léopard avait choisi de piller, Chien lui murmurant « Bonne chance ». Le chien s'éloigna un peu au trot et revint furtivement pour surveiller son ami.

Léopard inspectant furtivement la haute clôture, aperçut un endroit par-dessus lequel il pouvait sauter et, à un moment donné, il se trouva à l'intérieur du village. En reniflant, il découvrit l'enclos à chèvres, força l'entrée, et saisissant son prix par le cou, il le sortit. Il le jeta ensuite sur ses épaules et, d'un bond puissant, atterrit hors de la clôture.

Dog, qui avait attendu sa chance, s'écria maintenant d'une voix affectée : « Salut, salut, réveille-toi ! Léopard a tué la chèvre. Le voilà. Ah ah! Tuez-le, tuez-le !

Alarmé par le bruit fait et entendant un bruissement dans l'herbe près de lui, Léopard fut obligé d'abandonner sa prise, et pour sauver sa propre vie, il laissa tomber la chèvre et s'enfuit.

Dog, riant bruyamment du succès de sa ruse, ramassa la chèvre morte et partit au trot jusqu'à la tanière avec elle.

« Oh, tu vois, Léopard ! s'écria-t-il en arrivant à l'entrée, quelle grosse chèvre j'ai dans mon village. Ce n'est pas lourd ? Mais où est le tien ? Après tout, vous n'avez pas réussi ?

"Oh! J'ai été alarmé par les propriétaires du village, qui m'ont poursuivi et ont crié : « Tue-le, tue-le ! et il y avait quelque chose qui bruissait dans l'herbe à proximité, et je pensais que j'étais foutu ; mais j'ai laissé tomber la chèvre et je me suis enfui. J'ose dire qu'ils ont trouvé l'animal grâce à cela et qu'ils ont mangé notre viande. Peu importe, plus de chance la prochaine fois. J'ai vu dans l'enclos une belle et grosse chèvre blanche, que je suis sûr d'attraper demain soir.

«Eh bien, je suis vraiment désolé, mais réjouissez votre cœur. Vous en aurez une part égale avec moi. Faisons-le cuire.

Ils rassemblèrent du bois, allumèrent du feu et commencèrent à le rôtir. Quand ce fut presque prêt, Dog sortit, prit un bâton, frappa le sol et gémit :

"Oh! s'il vous plaît, je ne l'ai pas fait. C'est Léopard qui a tué la chèvre. Oh! ne me tue pas. C'est Léopard qui l'a volé.

Léopard, entendant ces cris et ces coups de bâton, pensa en lui-même : « Ah ! les hommes nous ont suivis jusqu'à notre tanière et tuent Dog ; alors ils viendront me tuer si je ne cours pas. Il s'est donc enfui et s'est enfui.

Le chien, en l'apercevant de loin, revint froidement à la tanière et dévora toute la viande, ne laissant que les os.

Après un long moment, Léopard revint à la tanière et trouva Chien gémissant pitoyablement. « Qu'y a-t-il, mon ami ? Il a demandé.

« Ah ! Oh! ne me touche pas ; ne me touche pas, je t'en supplie. Je suis tellement meurtri et endolori partout ! Ah ! mes os! Ils m'ont à moitié tué », gémit Dog.

"Pauvre gars! Eh bien, reste allongé et repose-toi. Rien de tel que le repos pour un corps meurtri. J'aurai cette chèvre blanche la prochaine fois que j'essaierai.

Après avoir attendu deux ou trois jours, Léopard partit chercher la chèvre blanche. Chien se faufila derrière lui et servit son ami de la même manière, apportant lui-même la chèvre blanche et se vantant de son succès, tout en faisant semblant de plaindre Léopard pour sa malchance.

Trois fois, Dog lui a servi le même tour, et Léopard était très mortifié de son propre échec. Alors Léopard pensa au Muzimu, l'oracle qui sait tout et donne de si bons conseils à ceux qui sont malheureux et demandent son aide, et il résolut, dans sa détresse, de le chercher.

Au cœur des bois hauts et sombres, là où le buisson est le plus dense, où les vignes grimpent sur les touffes, se replient autour des arbres et pendent en longues boucles au bord d'un ruisseau frais, résidait le Muzimu.

Léopard s'approcha doucement du lieu sacré et cria : « Oh ! Muzimu, aie pitié de moi. Je suis presque en train de mourir de faim. Avant, j'étais audacieux, fort et j'avais du succès, mais maintenant, même si j'attrape ma proie comme autrefois, il arrive toujours quelque chose qui m'effraie et je perds la viande que j'ai prise. Aide-moi, ô Muzimu, et dis-moi comment ma chance peut revenir.

Au bout d'un moment, le Muzimu répondit d'une voix grave : « Léopard, ta malchance vient de ta propre folie. Vous savez attraper une proie, mais il faut un chien pour savoir la manger. Aller; surveillez votre ami, et votre malheur s'envolera.

Léopard n'a jamais été très sage, même s'il avait de bons yeux, et était rapide et courageux, et il réfléchissait à ce que disait le Muzimu. Il ne pouvait pas comprendre de quelle manière sa chance lui reviendrait en observant son ami, mais il résolut de suivre les conseils du Muzimu.

La nuit suivante, Léopard annonça qu'il allait s'emparer d'une chèvre de couleur brune, et Chien dit : « Ah ! c'est ce que je compte faire aussi. Je trouve une chèvre à poil brun si douce.

Le village fut atteint, un endroit bas fut trouvé dans les palissades, et Léopard, aussi rapide qu'on pouvait cligner de l'œil, se trouva au milieu des chèvres. D'un seul coup, il frappa sa victime à mort, la jeta sur ses épaules et, d'un bond volant, l'emporta dehors. Le chien, qui se cachait près de l'endroit, cria d'une voix étrange : « Ah ! le voici : le voleur de léopard ! Tue-le! tue-le!"

Léopard tourna la tête, le vit dans l'herbe et l'entendit crier : « Awu-ou-ou ! Awu-ou-ou! Tue-le! tue-le!" lâcha un instant la chèvre et dit : « Ah, c'est toi, mon faux ami, n'est-ce pas ? Attends un peu, et je t'apprendrai comment voler une fois de trop. Avec des yeux comme des boules de feu, il se précipita sur lui et l'aurait mis en pièces, mais l'instinct de Chien lui dit que le jeu auquel il jouait était terminé, et enfouissant sa queue entre ses pattes arrière, il se retourna et s'enfuit vers sa chère. vie. Il courut autour du village, se précipitant d'un côté à l'autre, jusqu'à ce que, se rendant compte que ses forces lui échappaient, il se précipita finalement à travers une brèche dans la clôture, directement dans la maison d'un homme et sous le lit, où il resta haletant et halètement. Voyant que l'homme, qui avait été effrayé par son entrée soudaine, était sur le point de prendre sa lance pour le tuer, il rampa depuis le lit jusqu'aux pieds de l'homme, les lécha et se tourna sur le dos en implorant grâce. L'homme eut pitié de lui, l'attacha et en fit un animal de compagnie. Depuis lors, Chien et Homme sont de bons amis, mais une haine mortelle existe entre Chien et Léopard. Le dos du chien se hérisse toujours lorsque son ennemi est dans les parages, et il n'y a pas d'avertissement plus fidèle de la présence du léopard que celui donné par le chien, tandis que le léopard préfère manger un chien plutôt qu'une chèvre tous les jours. C'est ainsi – comme je l'ai entendu à Unyoro – que l'amitié entre Léopard et Chien a été rompue.

Chapitre douze.

La légende du rusé Terrapin et de la grue.

L'histoire suivante du rusé Terrapin et de la Grue a établi la réputation de Kadu parmi nous, et les Zanzibariens n'ont jamais été aussi amusés que ce soir-là.

"Maître", commença Kadu, après que nous nous étions installés devant un feu vif et crépitant, "certains hommes disent que les animaux ne raisonnent pas et ne peuvent pas s'exprimer, mais j'aimerais savoir comment nous percevons qu'il y a quelque chose qui existe. beaucoup de ruse dans leurs actions, comme s'ils avaient calculé d'avance comment agir et quel en serait le résultat. Nous, Waganda, pensons que les animaux sont très intelligents. Nous observons le coq dans la cour, et la poule avec ses poules ; le léopard, au moment où il s'apprête à se jeter sur sa proie ; le lion, alors qu'il s'apprête à attaquer ; le crocodile, alors qu'il se prépare à sa course ; le buffle à l'ombre, attendant le chasseur ; l'éléphant, au garde-à-vous ; et on se dit, comme ils sont intelligents ! Nos légendes sont toutes fondées sur ces choses, et nous interprétons les actions des animaux après avoir vu leurs méthodes ; et je pense que des hommes placés dans les mêmes circonstances n'auraient pas pu agir beaucoup mieux. Il vous semblera peut-être que nous vous racontions de simples histoires pour rire. Eh bien, c'est peut-être très amusant d'entendre et d'en parler, mais il est encore plus amusant d'observer les tours des animaux et des insectes, et nos vieillards aiment à citer les actions des animaux pour nous apprendre, lorsque nous sommes enfants, ce que nous devrions faire. En effet, il n'y a guère d'expression qui ne soit fondée sur quelque chose qu'un animal a été vu faire à un moment ou à un autre.

« Maintenant, l'histoire que je m'apprête à raconter est très ancienne en Ouganda. Je l'ai entendu quand j'étais enfant, et du fait qu'on disait qu'une Terrapin était si rusée, je n'ai jamais aimé maltraiter une Terrapin, et chaque fois que j'en vois une, l'histoire me revient à l'esprit dans toute sa fraîcheur. »

Un Terrapin et une Grue voyageaient autrefois ensemble de manière très sociable. Ils commencèrent leur conversation près du Terrapin en demandant :

« Comment va votre famille aujourd'hui, Miss Crane ?

"Oh très bien. Maman, qui vieillit, se plaint de temps en temps, c'est tout.

"Mais sais-tu que je trouve qu'elle est très grosse ?" dit Terrapin. «Maintenant, une pensée vient de me venir à l'esprit, que je vous prie de vous proposer. Ma mère aussi est malade, et je suis un peu las d'entendre ses plaintes jour après jour ; mais elle est extrêmement maigre et robuste, bien qu'elle soit abondante. Je me demande ce que vous direz de mon plan ? Nous avons tous les deux faim. Allons donc tuer ta mère et mangeons-la ; et demain, tu viendras vers moi, et nous tuerons ma mère. Nous serons ainsi approvisionnés en viande pendant quelques jours.

La Grue répondit : « J'aime beaucoup l'idée et je l'accepte. Allons-y tout de suite, car la faim est une maîtresse exigeante, et les jours de jeûne sont plus fréquents que ceux de satiété.

Les matricides se retournèrent sur leurs traces, et, arrivant chez Mme Crane, les deux cruelles créatures s'emparèrent de maman Crane et la mirent à mort. Ils l'ont ensuite arrachée et ont placé son corps dans la marmite, et Terrapin et Crane se sont régalés.

Terrapin a ensuite rampé jusqu'à chez lui, laissant Crane dormir et le processus de digestion. Mais hélas! Crane tomba bientôt très malade. Si des troubles de conscience troublèrent ou non la digestion, je ne saurais le dire, mais elle passa une nuit pénible, et pendant plusieurs jours après, elle ne quitta pas sa maison.

Terrapin, en arrivant à la maison de sa maman, qui était au creux d'un arbre, s'écria :

"Tu-non-non-non!" sur quoi Mme Terrapin dit : « Oh, c'est mon enfant », et elle laissa tomber une corde à laquelle le jeune Terrapin s'attacha et fut assistée jusqu'au nid où le parent lui avait déjà préparé un bon souper.

Quelques jours plus tard, Terrapin se dirigeait à travers les bois vers la piscine où il avait l'habitude de se baigner, lorsqu'au bord de l'eau il rencontra Miss Crane, apparemment de nouveau assez belle et forte.

Elle a salué Terrapin et lui a dit : « Oh, vous y êtes enfin. J'attends de vous voir depuis un certain temps.

« Oui, » répondit Terrapin, « me voici, et toi, comment te sens-tu maintenant ? Mes voisins m'ont dit que vous étiez très malade.

« Je vais bien à nouveau, » dit Miss Crane, « mais je pense que ma vieille mère n'était pas d'accord avec moi, et j'ai été très malade pendant quelques jours ; mais j'ai maintenant hâte de savoir quand vous respecterez votre part du marché que nous avons conclu.

"Qu'est-ce que tu veux dire à propos de me débarrasser de ma vieille mère?"

"Oui, bien sûr", répondit Crane, "j'ai très faim."

"Bien bien. Les bonnes affaires doivent toujours être respectées, car si le serment de sang est rompu, le malheur s'ensuit. La mort de votre mère repose sur ma tête, et j'entends vous rendre votre hospitalité avec intérêt, sinon ma coquille sera bientôt vide de son locataire. Reste ici un moment et je l'amènerai.

En disant ces mots, Terrapin partit et se glissa jusqu'à l'endroit où il avait secrètement caché une quantité de caoutchouc indien, en prévision de l'occasion. Après en avoir retiré une bonne quantité, il retourna à l'étang, où Miss Crane se tenait sur une jambe, attendant et faisant un clin d'œil agréable.

« Je crains, sœur Crane, » dit Terrapin en déposant son fardeau, « que vous trouviez ma vieille mère dure. Elle s'est avérée beaucoup plus maigre que ce à quoi je m'attendais. Il n'y a pas plus de graisse sur ses os que sur mon dos. Mais maintenant, lancez-vous et bienvenue. Il y en a plein là-bas. Je n'ai pas faim moi-même, car je viens de terminer mon dîner.

Miss Crane, l'estomac vide, n'était pas exigeante et se dirigea avec impatience vers le festin si fidèlement servi et commença à arracher ce que Terrapin avait apporté. Cependant le caoutchouc, tendu par la Grue gourmande, s'envola brusquement de son pied, et rebondissant, lui frappa au visage d'un coup violent.

"Oh! Oh!" s'écria Crane, confus par le coup. "Ta vieille mère est la plus dure."

"Oui, elle est. Je soupçonnais qu'elle se révélerait un peu dure », répondit Terrapin en riant. « Mais ne soyez pas timide. Mangez et bienvenue.

De nouveau Miss Crane tira sur le caoutchouc pour le déchirer, mais plus il était étiré, plus les chocs qu'elle recevait étaient violents, et son œil gauche était presque aveuglé.

"Eh bien, je ne l'ai jamais fait", s'est exclamée Miss Crane. "Elle est vraiment trop dure."

« Réessayez », cria Terrapin. "Essayer à nouveau; peu à peu, dit-on, une mouche mange la queue d'une vache. Avec le temps, vous obtiendrez un morceau rare et tendre.

Miss Crane appuya ainsi, le fit, et saisissant un morceau, elle se laissa tomber et tira dessus si fort que lorsque le caoutchouc glissa enfin, il rebondit avec une telle force, qu'elle fut envoyée s'étaler sur le sol.

"Pourquoi, qu'est-ce qu'il y a ?" demanda Terrapin en feignant d'être étonné. « Elle est dure, je l'avoue ; mais ouh ! notre famille est réputée pour sa ténacité. Cependant, plus il est dur, plus il dure longtemps sur le ventre. Essayez encore, sœur Crane ; Je vous garantis que vous y parviendrez la prochaine fois.

« Oh, dérange ta vieille mère. Mangez-la vous-même. J'en ai assez de ce genre de viande.

« Vous abandonnez, n'est-ce pas ? » s'écria Terrapin. «Eh bien, c'est dommage de jeter de la bonne viande. Peut-être que si je le garde plus longtemps, il deviendra plus tendre au fil du temps.

Ils se séparèrent ainsi, Terrapin emportant sa part de caoutchouc dans une direction, et Miss Crane tristement dégoûtée, s'éloignant à grands pas dans une autre, mais cherchant attentivement autour de lui quelque chose pour satisfaire sa faim.

Lorsqu'elle eut parcouru une grande distance, un perroquet traversa son chemin et, perché sur une branche près d'elle, s'écria : « Oh, oiseau royal, dis depuis quand le caoutchouc est-il devenu la nourriture de la famille du roi-oiseau ?

« Que veux-tu dire, Perroquet ? elle a demandé.

"Eh bien, je t'ai vu déchirer un morceau de caoutchouc tout à l'heure, et quand tu es parti, Terrapin l'a emporté, et je l'ai entendu dire - parce qu'il a l'habitude d'exprimer ses pensées à voix haute - Oh, comme ma sœur Crane est stupide. ! Elle pense que ma mère est morte. Ho ho ho! quelle bêtise ! Et tout au long du trajet, il a ri et ri comme s'il était rempli de vin de plantain.

« Sa mère n'est-elle pas morte alors ? » » demanda Miss Crane.

"Mort! Pas du tout », répondit Parrot. « J'ai vu la vieille Ma Terrapin il y a un instant alors que je volais près de son arbre, attendant son fils, et la corde est prête pour son cri de 'Tu-no-no-no'. Ano-non-non. Nous-non-non-non ! »

« Ah, Parrot, tes paroles sont bonnes. Quand on sait ce que dit un autre dans notre dos, on découvre le fonctionnement de son cœur. Les paroles de Terrapin sont comme le buisson qui recouvre le piège. Au revoir, Perroquet. Lors de notre prochaine rencontre, nous aurons une autre histoire à raconter.

Le lendemain, Terrapin aperçut Miss Crane s'approchant de sa maison, et il s'avança d'un peu pour la rencontrer.

"Eh bien, sœur Crane, j'espère que vous allez bien ce matin ?" Il a demandé.

« Oh oui, c'est vrai, frère Terrapin. Mais il faut m'excuser tout à l'heure ; J'ai entendu de mauvaises nouvelles de ma famille. Un de mes frères et sœurs tombe soudainement malade et je dois aller leur rendre visite », répondit Crane.

« Ah, Miss Crane, cela me rappelle mon propre frère et ma sœur, qui sont beaucoup plus jeunes que moi, mais très doux et tendres. Que diriez-vous maintenant de conclure un autre marché ? demanda Terrapin avec un clin d'œil.

« Tu es très bon, Terrapin. J'y penserai au fur et à mesure. Je serai de retour demain avant midi, et nous discuterons alors d'un échange. Ils se sont montrés très polis l'un envers l'autre lorsqu'ils se sont séparés. Terrapin est allé faire sa promenade habituelle jusqu'à l'étang, Miss Crane a rendu visite à sa famille, mais a marmonné :

« Ha, ha, Terrapin, tu es doué dans un métier ; mais vous n'en ferez pas un autre avec moi en toute hâte jusqu'à ce que notre premier soit réglé.

Après avoir parcouru un peu de chemin, elle se retourna brusquement et revint au pied de l'arbre de Terrapin et cria :

« Tu-non-non-non. Ano-non-non-non. Nous-non-non-non ! »

« Ah ! c'est la voix de mon enfant », se dit maman Terrapin en baissant le cordon.

Miss Crane s'est accrochée et a grimpé vers le nid. Ma Terrapin tendit le cou au loin pour accueillir son enfant, mais avant qu'elle puisse découvrir par quel moyen le petit Terrapin avait changé de robe, Miss Crane frappa Ma Terrapin avec son long bec pointu à l'endroit où le cou rejoint l'épaule, et d'un coup Peu de temps après, Ma Terrapin était aussi morte que la propre mère de Miss Crane.

Le corps a été roulé hors du nid, et il est tombé, et Miss Crane a glissé rapidement après lui.

Dans un endroit calme, caché par d'épais buissons, Miss Crane fit un grand feu, avec lequel l'épaisse carapace de Ma Terrapin fut brisée. Elle a ensuite récupéré la chair, l'a emportée chez elle et l'a rangée dans un grand pot noir.

Le lendemain, alors que Miss Crane se tenait sur une jambe au bord de l'étang, la tête à moitié enfouie dans ses plumes, qui devait venir sinon Terrapin, pleurant amèrement et disant : « Ah, ma mère est morte. Ma vieille mère a été tuée. Qui va m'aider maintenant ?

Miss Crane faisait semblant de dormir, mais entendait chaque mot. Cependant, lorsque Terrapin fut proche, elle se réveilla brusquement et dit joyeusement :

« Ah ! c'est Terrapin, mon petit frère Terrapin. Comment allez vous aujourd'hui?"

Or, comme Terrapin avait déjà tué sa mère, selon ses propres aveux, il se rendit compte qu'il ne convenait pas d'accuser Miss Crane du meurtre, car ce faisant, il exposerait à elle son manque de foi, mais l'odeur du meurtre La chair rôtie de Ma Terrapin arrivait fort à ce moment-là, et il savait que c'était Crane qui, découvrant son tour, l'avait tuée.

Il parvint cependant à répondre vivement :

« Sissy, chérie, je ne suis que tolérable. Mais comment va ta famille aujourd'hui ?

« Mon frère et ma sœur vont bien mieux, Terrapin. Ils sont tous deux gras comme du suif. Au revoir, qu'en est-il de l'échange que vous m'avez proposé ?

«Je suis prête, Miss Crane, pour un échange n'importe quel jour. Quand cela sera-t-il ?

"Il n'y a pas de meilleur moment que le présent, et si vous courez jusqu'à l'autre bout de l'étang, je réparerai ma maison ici et je vous rattraperai bientôt."

Terrapin professait un grand plaisir et trottinait ; mais après avoir fait un peu de chemin, sa mauvaise habitude de penser à haute voix lui prit, et on l'entendit dire :

« Ma pauvre maman ! ma pauvre maman est morte ! Ô méchante Grue ! Je sais à l'odeur de la viande que tu as tué ma mère. Que puis-je faire maintenant?"

Miss Crane comprit alors qu'elle avait été découverte, et elle commença à penser qu'il était temps de déménager dans un autre district, car Terrapin avait beaucoup d'amis dans les bois, comme des lapins, des chacals, des lions et des serpents, et si Terrapin gémissait ainsi à voix haute, tous les gens des bois sauraient ce qu'elle avait fait, et beaucoup l'aideraient sans doute à la punir. Cherchant dans son esprit le meilleur endroit, elle se souvint d'un arbre extrêmement grand qui n'était pas loin de la maison de Terrapin, un arbre très élevé au tronc propre, au sommet duquel elle serait à l'abri de toute surprise.

Elle s'y installa en toute hâte et s'installa confortablement. Elle s'était également munie d'une réserve de bâtons solides pour pouvoir s'en servir comme d'armes en cas de nécessité.

Pendant ce temps, Terrapin rampait en gémissant bruyamment ses lamentations. Soudain, Lapin sortit des bois et se plaça sur son chemin. Il fut bientôt informé du deuil de Terrapin et sympathisa fortement avec lui. Terrapin raconta l'histoire de telle manière que Miss Crane apparut comme une meurtrière contre laquelle les gens des bois devraient se venger.

"Alors," dit Lapin, "ce doit être Miss Crane, qui construit sa maison tout en haut de ce grand arbre près de chez vous."

"Est-elle?" demanda Terrapin. «Je ne le savais pas. Elle aurait dû me rencontrer ici ; mais je vois qu'elle sait qu'elle est détectée et qu'elle prend déjà des mesures pour se protéger. Mais, Lapin, toi qui es toujours sage, dis-moi comment je peux me venger ?

« À ma connaissance, il n'y a qu'un seul moyen », répondit Lapin d'un ton dubitatif. « Allez voir le Soko (Gorille ?), mais c'est un dur dealer qui vous fera payer grassement son aide. Soko est le roi du genre singe. Si vous le payez bien, il attachera une corde au nid de Crane, sur laquelle vous pourrez grimper en son absence. Une fois là-bas, allongez-vous tranquillement, et quand elle descendra, saisissez-la.

Le projet plut énormément à Terrapin, et possédant une propriété confortable après la perte de sa mère, il pensait en avoir assez pour acheter l'aide de Soko.

Grâce aux bons offices de Lapin, des négociations furent entamées avec Soko, qui accepta un pot de bonnes noix, dix régimes de bananes mûres, cent œufs et diverses autres bagatelles, pour accrocher un gros grimpeur en rotin au nid de Crane, assez longtemps pour atteindre le sol.

L'oiseau royal fut bientôt informé de la conspiration contre elle par le perroquet, qui adore raconter des histoires, et Miss Crane résolut de s'absenter de chez elle pendant que Soko attachait le grimpeur, mais chargea son ami le perroquet d'observer les débats et de faites-lui un rapport lorsque Soko aura terminé sa tâche.

Soko a rempli son rôle avec célérité. Terrapin a testé la résistance du rotin et a dû avouer que Soko avait gagné son salaire, et Rabbit a accompagné Terrapin et Soko jusqu'à la maison de Terrapin pour voir Soko recevoir sa commission.

Alors qu'ils partaient, Parrot s'envola pour informer Miss Crane, qui retourna immédiatement chez elle pour attendre son ennemi.

Peu de temps après, Terrapin arriva au pied de l'arbre de Crane et commença à grimper. Il avait presque atteint le sommet lorsque Miss Crane se leva et porta un coup si violent dans le dos de Terrapin qu'il perdit prise et tomba au sol. Lorsque Terrapin reprit ses esprits, il entendit Miss Crane crier :

"Ha! frère Terrapin, ce fut une vilaine chute. Vous vous souvenez du caoutchouc, n'est-ce pas ? Rien ne vaut les conseils que vous m'avez donnés. Réessayez, Terrapin, mon frère. Essayer à nouveau."

« Tu as tué ma mère, n'est-ce pas ? » demanda Terrapin.

«Je pensais que tu m'avais dit que tu l'avais tuée conformément à l'accord. Alors comment peux-tu dire que je l'ai tuée ? » demanda Miss Crane.

«Ce n'est pas ma mère que je t'ai donnée. Ce n'était qu'un morceau de caoutchouc.

« Hé, hé ! Tu l'avoues alors ? Eh bien, nous sommes maintenant arrêtés. Vous m'avez incité à tuer ma mère, et comme vous n'avez pas pu respecter votre part du marché, je vous ai épargné cette peine. Ma mère était autant pour moi que ta mère l'était pour toi. Nous avons tous les deux perdu notre mère maintenant. Alors appelons-le à égalité et redevenons amis.

Terrapin hésita, mais le souvenir de la perte de sa mère réveilla bientôt la vieille amertume, et il devint plus impitoyable que jamais. Miss Crane doit cependant être persuadée que l'affaire est pardonné, sinon il n'aurait jamais l'occasion de venger la mort de sa mère.

« Très bien, Crane, » répondit-il ; mais laissez-moi monter et vous embrasser, ou descendez et laissez-nous nous serrer la main.

« Montez, bien sûr, Terrapin. Je suis toujours à la maison avec des amis », a déclaré Miss Crane.

Terrapin commença alors à grimper, mais pendant qu'il montait, il se remit bêtement à réfléchir à haute voix, et on l'entendit dire :

« Oh, oui, sœur Crane. Attendez un peu et vous verrez. Lui, lui, lui !

Miss Crane, qui écoutait tranquillement, entendit les rires et les marmonnements de Terrapin et se prépara à le recevoir correctement. Lorsqu'il fut à sa portée, elle cria : « Tiens bon, Terrapin », et se mit aussitôt à lui donner de puissants coups dans le dos, puis elle lui posa le bâton sur les pieds si brusquement que, pour les protéger, il dut les retirer dans son corps. obus, ce faisant, il perdit prise et tomba au sol avec une telle force que, sauf pour une tortue, la grande chute aurait été instantanément fatale.

« Réessayez, Terrapin ; réessaye, mon frère. Une autre fois, et vous réussirez », s'écria Miss Crane d'un ton moqueur.

Terrapin récupéra lentement ses facultés après la deuxième chute et s'exclama : « Ah, Crane, Crane. Si je t'écoute une seconde fois, traite-moi d'imbécile. Hier et aujourd'hui vous avez triomphé, demain ce sera mon tour.

« *Kwa-le, kwa-le* », cria Miss Crane d'une voix stridente. « Mon arbre sera demain là où il se trouvait aujourd'hui. Vous connaissez le chemin pour y parvenir ; sinon, votre haine le trouvera.

Terrapin s'éloigna là-dessus pour chercher le Lion, auquel, après l'avoir trouvé, il plaida si puissamment que le Lion le plaignit beaucoup et répondit : « Je ne peux pas vous aider dans cette affaire, car je n'ai pas été fait pour grimper. des arbres. Allez, racontez votre histoire à Chacal, et il saura vous conseiller.

Suivant les conseils amicaux, Terrapin chercha le Chacal, à qui il répéta sa lamentable histoire. Le Chacal le récompensa par un soupir compatissant et dit : « Ami Terrapin, mes dents sont pointues et mes pieds sont rapides, mais, bien que je sois si heureusement doté, je n'ai pas d'ailes pour voler. Allez chercher l'Éléphant. Sa force est si grande qu'il pourra peut-être abattre l'arbre pour vous.

Terrapin se mit en route à la recherche de l'éléphant et, après beaucoup de patients voyages, le découvrit en train de ruminer sous une ombre épaisse. Terrapin délivra aussitôt sa poitrine du fardeau de son chagrin et fit appel piteusement à son aide.

"Petit Terrapin," répondit le gentil Éléphant, "ton histoire est sombre. Mais même si je suis fort, il y a certaines choses que je ne peux pas faire. La maison de Miss Crane est construite sur l'un des plus grands arbres de la forêt, et il faudrait une vingtaine d'éléphants pour la faire tomber. C'est de sagesse, et non de force, dont vous avez besoin. Allez chercher le Serpent, et il vous assistera.

De là Terrapin alla chercher Serpent et, après de longues recherches, il le trouva enroulé, en de nombreux plis brillants, dans la fourche d'un arbre robuste.

« Ah, Serpent, s'écria-t-il, tu es un de mes parents et je te cherche depuis longtemps. Je suis dans une détresse extrême, mon ami, » et il commença à s'insulter passionnément contre Miss Crane, et conclut en invoquant son aide.

" Aide-moi aujourd'hui, " s'écria Terrapin, " et tu seras mon père et ma mère, et tous mes plus proches parents à la fois. "

"C'est bien", répondit le Serpent, de sa manière lente et délibérée. « Miss Crane va mourir, et ici je conclus un pacte avec vous. Il n'y aura plus d'inimitié pour les temps futurs entre votre famille et la mienne. Partez maintenant et reposez en paix, car le sort de Crane est fixé.

Dans l'obscurité de la nuit, Serpent se réveilla de son sommeil et, se déroulant, descendit de l'arbre et glissa sans bruit sur le sol en direction de l'arbre de Miss Crane. Le grand puits propre ne pouvait pas arrêter ces mouvements spirants, et le Serpent monta régulièrement jusqu'à ce qu'il atteigne la fourche. De là, d'un mouvement presque imperceptible, il s'avança vers le nid. La pauvre Miss Crane dormait profondément, rêvant de la chute de Terrapin, tandis que le Serpent repliait son extrémité autour d'une grosse branche et se levait, prêt à frapper. Aussi vite qu'on pouvait cligner de l'œil, le Serpent se jeta sur la reine des oiseaux, et en un instant elle resta écrasée et mutilée. Puis, saisissant son corps avec ses mâchoires, le Serpent glissa le long du fût de l'arbre et chercha la maison de Terrapin, et déposa sa dépouille devant lui. Terrapin était ravi et invita Serpent à partager avec lui le délicieux festin fourni par le corps de Miss Crane.

"POOR MISS CRANE WAS FAST ASLEEP."

Depuis ce jour, Serpent et Terrapin sont restés des amis proches, et aucun des deux n'a jamais rompu l'accord solennel qui a été conclu entre eux ce jour-là et selon lequel Terrapin avait sollicité l'aide du Serpent contre la reine des oiseaux.

Chapitre treize.

La légende de Kibatti le Petit qui a vaincu tous les grands animaux.

J'ai fait de mon mieux pour traduire cette histoire au plus près afin de donner le sens fidèle de ce qui a été dit, mais je désespère de rendre les petites touches et les fioritures que Kadu savait si bien donner avec la voix, le geste et visage mobile.

« Amis et hommes libres, dit-il lorsque nous étions tous en attitude d'écoute, si un fils de l'homme sait se mettre en colère, je n'ai pas besoin de vous dire, vous qui avez l'expérience des voyages et de la nature des bêtes, que les animaux de les sauvages savent aussi montrer leur méchanceté et leurs passions. La légende de Kibatti repose sur cela.

Il y a bien longtemps, les grands animaux du monde, composés de l'éléphant, du rhinocéros, du buffle, du lion, du léopard et de l'hyène, se réunissaient en conseil au milieu d'une forêt, non loin d'un village à la frontière de Ouganda. L'éléphant étant reconnu d'un commun accord comme le plus fort, présida l'occasion.

Agitant sa trompe et claironnant pour ordonner le silence, il dit : « Mes amis, nous sommes réunis aujourd'hui pour réfléchir à la manière dont nous pouvons rembourser dans une certaine mesure les blessures que les fils des hommes nous font quotidiennement, ainsi qu'à nos proches. Non loin d'ici est situé un village d'où sortent les vicieux animaux à deux pattes pour faire la guerre à nous tous, qui possédons le double du nombre de pattes qu'ils ont. Sans avertissement d'hostilité ni publication de cause, ils quittent délibérément leurs nids coniques, jour après jour, avec la plus basse intention contre quiconque d'entre nous qu'ils pourraient rencontrer pendant la brillance du soleil. C'est pourquoi nous sommes réunis sur un terrain d'entente pour réfléchir à la manière dont nous pouvons riposter contre eux aux outrages gratuits qu'ils commettent quotidiennement contre notre malheureuse espèce. Personnellement, j'ai de nombreuses blessures infligées aux éléphants de ma tribu dont je me souviens, et que je ne risque pas d'oublier. Il y a seulement une semaine, un enfant prometteur de ma sœur est tombé dans une fosse profonde et a été empalé sur un petit pieu placé au fond ; et quelques jours auparavant, mon plus jeune frère tombait la tête la première dans une excavation horriblement profonde qui avait été creusée et qui était astucieusement cachée par des feuilles et de l'herbe, par laquelle seuls ceux, comme moi, expérimentés dans leurs arts sournois, auraient pu s'échapper. Vous avez tous, j'ose le dire, été persécutés de la même manière et avez de profondes blessures à venger. J'attends d'entendre ce que vous proposez. Frère Rhinocéros, tu es mon prochain en grandeur et en force, parle.

« Eh bien, frère Éléphant et amis, les paroles que nous avons entendues sont vraies. Le fils de l'homme est, de toutes les créatures que je connais, la plus dévergondée des tribus à quatre pattes qui nous offensent. Pas un jour ne passe sans que j'entende des gémissements et des plaintes de la part d'un malade. Il n'y a pas longtemps, un cousin, marchant tranquillement dans un bois non loin d'ici, s'est pris le pied dans une vigne qui se trouvait en travers du chemin, et presque aussitôt après, un pieu dur et pointu a été précipité d'en haut profondément dans l'articulation du cou avec la colonne vertébrale, ce qui l'a tué sur le coup, bien sûr. Par une merveilleuse chance, j'ai réussi à m'en sortir jusqu'à présent, mais mon destin sera peut-être de tomber demain à cause d'une mauvaise pratique. C'est pourquoi je pense qu'il serait bon que nous nous mettions à faire ce que nous décidons de faire immédiatement. Je propose que tôt le matin, avant qu'une lueur de soleil ne soit visible, nous nous attaquerons au nid de pirates et le détruisons complètement. Je suis tellement chargé de haine à leur égard, que je pourrais me débarrasser moi-même de la moitié de ces coquins, avant qu'ils puissent reprendre leurs esprits. Mais si l'un d'entre vous a un meilleur plan, je prête mes oreilles à l'entendre, mon cœur à l'approuver, et ma force et ma fureur à le mettre en œuvre, sans autre discours. J'ai parlé."

« Maintenant, ami Lion, » dit l'Éléphant en se tournant solennellement vers lui, « c'est ton tour, et dis librement ce que ton esprit conçoit à ce sujet. Ton courage, nous le connaissons tous, et aucun de nous ne doute que ton esprit ne lui soit égal.

« En vérité, ami Éléphant, et vous autres, l'affaire que nous devons examiner est urgente. Les fils des hommes sont rusés, et leur ruse est sans mesure. Les tribus à quatre pattes ont de nombreuses raisons de se plaindre de moi et des miens. Cependant, personne ne peut m'accuser, moi ou ma famille, d'avoir profité indûment de ceux que nous méditons sur la frappe. Nous donnons toujours un avertissement bruyant, comme vous le savez tous, et nous frappons ensuite ; car si nous ne le faisions pas, peu, même les plus forts, échapperaient à notre vengeance. Mais ces bêtes pestilentielles à deux pattes — par filet, piège, pieu tombant, fosse ou nœud coulant — sont incessantes dans leur méchanceté secrète, et il n'y a aucune sécurité dans la plaine, dans la brousse ou dans les rochers contre leurs ruses. Car ce que moi et mes parents faisons, il y a un bon motif : celui de fournir de la viande pour nous-mêmes et pour nos jeunes ; mais il me dépasse l'esprit de découvrir ce que le fils de l'homme peut vouloir avec tout ce qu'il détruit. Même nos os, comme par exemple tes longues dents, ô Éléphant, ils emportent avec eux, et même les miens. J'ai vu les petits hommes pendre les dents de ma sœur autour de leur cou, et ma peau paraît si précieuse que le roi du village la porte sur ses reins noirs et sales. Ta tribu, ô Éléphant, n'a pas beaucoup de raisons de se plaindre contre moi, et toi, Rhinocéros, ce serait mettre ta mémoire à rude épreuve que de m'accuser de quoi que ce soit contre ta famille. Frère Léopard nous tiendra, moi et les miens, innocents du mal qu'il lui aurait fait ; il en va de même pour ma cousine Hyène. L'ami Buffalo et notre famille ont parfois une vive querelle, mais il n'y a là aucune méchanceté, je le jure. Tandis que le fils de l'homme, mes amis, est notre ennemi commun à tous : c'est soit notre chair, soit notre fourrure, soit notre peau, soit nos dents qui lui manquent, et toute sa pensée est tournée vers la destruction pure et simple. Si vous me suiviez, je me glorifierais de vous mener dès maintenant contre la communauté, et je vous donne ma parole que peu d'entre eux échapperont à ma patte et à mes griffes. Cependant, comme notre objectif est de tout détruire, afin que personne ne puisse échapper, je suis d'accord avec mon ami Rhinocéros sur le fait que la nuit la plus noire est la plus sûre. C'est pourquoi, croyez-moi, je suis si désireux de vengeance, et je me sens si vide, que seule la moitié d'entre eux suffira à satisfaire ma soif de leur sang. J'ai terminé mon discours.

"Maintenant, ami Léopard, tu ferais mieux de suivre ton cousin, et nous nous sentirons obligés envers toi pour le bénéfice de tes conseils", dit l'Éléphant.

Léopard fit tournoyer rapidement sa queue, se lécha les babines et parla :

« Tout ce que vous, mes amis et cousin, avez dit, je suis entièrement d'accord et j'en témoigne. La méchanceté du fils de l'homme envers nous est sans limites. Il est également remarquable par son sang-froid et son manque de passion. Nous avons nos propres querelles dans les bois – comme vous le savez tous – et elles sont vives et rapides tant qu'elles durent, mais il n'y a aucune préméditation ni méchanceté dans ce que nous nous faisons les uns les autres ; mais l'homme, à qui nous préférerions nous écarter si possible, poursuit chacun de nous comme si son existence dépendait du simple meurtre, bien que j'observe qu'il a une abondance de fruits, qui devraient satisfaire tout être raisonnable du singe. tribu. C'est pourquoi, comme j'ai de nombreuses raisons de lui infliger des représailles pour ses innombrables offenses contre moi et mes proches, j'ai assisté avec plaisir à ce conseil, et j'irai aussi loin que chacun d'entre vous, et plus loin si je le peux, pour rendre une partie de cette dépit sur lui et sa tribu. Je propose que la nuit la plus sombre soit la meilleure pour notre plan. Pendant que les humains se livrent à des rêves de massacre, je vote pour que nous transformions leurs rêves en actions contre eux-mêmes. L'éléphant, le rhinocéros et le buffle sont forts ; que chacun mène sa tribu pour attaquer, renverser et piétiner leurs nids. Nous, avec nos familles, ferons le tour et massacrerons tous ceux qui leur échapperont. Ce sont mes mots.

"Maintenant, ami Buffalo, qu'en dis-tu ?" » demanda l'Éléphant. «Tu es un ami fidèle et un ennemi fidèle. Nous ne pouvons qu'écouter quelqu'un comme toi.

« Ah, ami Éléphant, et vous, chefs de tribus, chaque sentiment d'hostilité contre les fils vils et malveillants de l'homme que vous avez exprimés trouve un écho dans mes entrailles. Si un tort a été fait à quelqu'un ici, multipliez ce tort par dix afin que vous puissiez comprendre l'intensité de la haine que je porte aux destructeurs impitoyables de mes amis et parents. Ne me demandez pas comment je les tuerais, ma fureur est si grande que je suis incapable de concevoir. Faites-en la conception et donnez-moi la méthode. Tout ce à quoi je peux penser maintenant, c'est le plaisir que j'éprouverai lorsque mes cornes se réchaufferont dans les corps des créatures viles et perfides qui ont assassiné ma femme, mon frère, ma sœur et mon enfant, en plus d'un nombre incalculable de mes parents à la lance et à la lance. ligne, lance et piège, épée et pieu, ruse et piège. Je mènerai mon troupeau au milieu de cette communauté vicieuse avec une joie que seule ma haine peut égaler. C'est tout ce que j'ai à dire.

« Maintenant, ma bonne amie Hyène. Tu es le seul dont les sentiments sont encore inconnus. Parle, et laisse-nous entendre ta sagesse dans cette affaire.

La Hyène poussa un rire moqueur et dit : « Mes bons amis et cousins : La nuit me convient bien, car je suis alors dans mon élément. Je peux dire que j'ai une famille nombreuse qui a toujours faim. Ce sera vraiment un sujet de rire pour eux d'entendre parler de votre bon dessein. Cette mesure signalétique de juste vengeance contre ceux qui ont surpassé en cruauté froide tout ce que des générations de la tribu à quatre pattes de l'espèce la plus féroce ont fait a été longtemps retardée. Les oiseaux et les bêtes, du plus petit au plus grand, ont été victimes de la soif de destruction de l'homme. Il est vrai que les miens doivent souvent à l'homme des os et des détritus, mais ce que nous avons mangé a été cruellement contre sa bonne volonté ; et nous ne lui devons donc aucune gratitude. Les jeunes de la communauté humaine seront des morceaux juteux pour ma tribu, lorsque le signal de l'attaque sera donné. De tout mon cœur, je dis que ce soit ce soir. J'ai dit mon mot.

L'Éléphant dit alors : « Amis, chefs des tribus les plus puissantes de la forêt, que ce soit cette nuit, comme vous le dites. Laissez chacun partir, rassemblez ses forces, et que l'attaque se déroule de la manière suivante. A mi-chemin entre l'aube et minuit, je conduirai ma troupe du côté de l'Ouganda. Le Rhinocéros mènera le sien du côté de Katonga. Le Buffle rangera sa tribu le long du côté faisant face à Unyoro. Derrière ma troupe, la Hyène et ses familles suivront pour achever ceux qui pourraient être meurtris par nos lourds sabots. Laissez Léopard placer ses camarades et ses proches à l'arrière de la troupe de Rhinocéros. Lion et sa grande tribu sont nécessaires à l'arrière des forces de Buffalo, car ils sont susceptibles, dans leur fureur, d'ignorer les bipèdes rusés. Notre objectif est d'en faire un travail complet. Plus tôt nous nous séparerons, plus chacun sera en forme pour mener à bien sa vengeance si longtemps différée.

Il était bien plus de minuit lorsque les forces à quatre pattes furent rassemblées autour du village condamné et, au son strident de la trompette du Roi Éléphant, les différents chefs menèrent leurs troupes respectives à la charge. Les éléphants se précipitèrent sans résistance, piétinant les cages condamnées des humains, à plat et au ras du sol. Le rhinocéros et son hôte avançaient le nez baissé et jetaient les nids humains comme on donnerait un coup de pied dans un panier à œufs vide ; les buffles beuglaient à l'unisson, fermaient les yeux, se jetaient sur les huttes et encornaient tout ce qui était à la portée de leurs cornes. Puis les féroces carnivores, tout excités à la perspective de ce festin sanglant, rugirent, grondaient et riaient en déchirant les victimes mutilées morceau par morceau. Ah, pauvre village et pauvres gens ! En peu de temps, les âmes rêveuses n'ont plus rêvé, mais ont disparu dans des régions où les rêves sont inconnus, à l'exception d'un garçon intelligent nommé Kibatti et de ses parents, qui ont survécu à la calamité. Ceux-ci vivaient dans une petite cabane tout près, cachée par un bosquet de bananes, à la lisière de la forêt, et Kibatti, vers minuit, avait été troublé dans son sommeil par une pression sur son ventre qui le réveillait et l'empêchait de dormir davantage. Il était donc assis tristement devant les braises rouges de son feu, lorsqu'il entendit le piétinement creux de gros animaux, et en dressant ses oreilles, il entendit des piétinements dans une autre direction ; sur quoi, ses soupçons que quelque chose d'inhabituel allait se produire grandissaient en lui, de sorte qu'il réveilla ses parents et leur ordonna d'écouter les grondements que pouvaient entendre les chasseurs si expérimentés tout autour d'eux.

« Père, viens, ne tarde pas ! fais lever maman tout de suite. Cette nuit, mon sommeil a été interrompu pour m'avertir que des méfaits se préparent. Montons sur le grand arbre tout près et observons.

« Mon enfant, tu as raison », dit son père après avoir écouté un moment ; « Les démons du désert se sont rassemblés contre le village, car les ennemis humains ne font pas une telle agitation. Nous monterons immédiatement sur le grand arbre.

Là-dessus, il fit sortir sa femme.

Kibatti se faufila à travers le terrier sous la haie d'asclépiades jusqu'à la bananeraie et, après avoir atteint ses ombres profondes, courut vers le grand arbre, suivi de près par ses parents. Une grande vigne pendait pendant, et sur cette vigne Kibatti grimpa, sa mère après lui, le vieil homme en dernier. Pas trop tôt, car c'est à ce moment-là que se fit entendre le son de la trompette de l'Éléphant Roi, et ensuite un tel concert de bruits que ni Kibatti ni son vieux père n'avaient jamais entendu un pareil auparavant. A la lumière des étoiles, ils voyaient passer et repasser au-dessous d'eux les formes énormes de toutes sortes d'animaux furieux ; mais s'accrochant étroitement à l'abri des branches géantes de l'arbre, ils furent témoins, depuis leur perchoir sûr, de la fin terrible de leurs amis et parents.

Lorsqu'il réalisa pleinement la catastrophe et son ampleur, Kibatti suggéra à ses parents de monter jusqu'à la fourche la plus haute, de peur d' être aperçus le matin, et en montant, ils trouvèrent une cachette confortable bien au-dessus, cachée de tout. arrondi par les feuilles épaisses et charnues de l'arbre. Là, ils restèrent tranquilles jusqu'au matin, lorsque la curiosité inquiète du garçon devint si forte qu'il résolut de la satisfaire. Saisissant une grosse branche de l'arbre, il descendit jusqu'à la fourche inférieure et baissa les yeux. Il vit toutes les huttes brisées et les ossements de sa tribu blancs et luisants éparpillés un peu partout. Les clôtures étaient toutes rasées, mais les éléphants, sous la conduite de leur chef, réinstallaient les poteaux tout autour. Les lions arpentaient les lieux avec vigilance, les rhinocéros et les buffles étaient rassemblés séparément, regardant les éléphants, les léopards se couchaient sous les arbres par groupes épars, les hyènes croquaient les os, car ces derniers ne savent jamais quand ils ont assez mangé.

Kibatti a gardé son poste toute la journée. La nuit, les poteaux entouraient le village comme auparavant, et au crépuscule, il voyait le rassemblement de toutes les créatures en cercle autour du roi éléphant, pour entendre sa voix grondante haranguer les alliés hétéroclites. Quand ce fut fini, les lions rugirent, les rhinocéros reniflèrent, les buffles beuglèrent, les hyènes rirent et les clairons stridents des éléphants annoncèrent que la réunion était terminée. Ce qui s'est passé ensuite, Kibatti n'est pas resté pour apprendre, mais a grimpé dans les hauteurs pour annoncer la nouvelle à ses parents anxieux.

Il me dit : « Il me semble, père, qu'ils vont reconstruire le village, car ils l'ont déjà clôturé encore mieux, je pense, qu'il ne l'était auparavant. Ces animaux ont des chefs intelligents, c'est certain, mais je ne suis pas un homme-fils si Kibatti ne prend pas le dessus sur certains d'entre eux.

« Oh ! tu es intelligent, mon enfant, c'est vrai », dit le vieil homme. « Quoi que vous entrepreniez de faire, cela sera fait. Je l'ai découvert il y a longtemps. Si l'esprit d'esprit peut nous sortir de cet endroit dangereux, j'ai la conviction que ce sera grâce au vôtre, et non grâce au mien ou à celui de ma vieille femme.

"Je n'ai pas l'intention de quitter l'arbre pour l'instant, père", répondit Kibatti. « Si nous restons silencieux, nous ne pourrions pas trouver d'endroit plus sûr qu'ici. L'arbre est si grand qu'ils ne peuvent nous entendre parler à moins qu'ils ne mettent leurs oreilles pour écouter au pied de l'arbre, et contre tout ce qui peut arriver, nous devons nous prémunir.

« Accorde-moi ta confiance, mon garçon, et laisse-moi juger de ton projet », dit le père.

« Eh bien, mon idée est la suivante. Ce soir, ils partiront tous, certains pour attraper des proies de moindre importance, d'autres pour paître et se nourrir. Bien entendu, les dirigeants resteront en retrait. Je propose, après avoir dormi trois ou quatre clins d'œil, de descendre au portail et de découvrir comment ça se passe. Si possible, j'essaierai de récupérer mes filets. Ils me seront utiles. Nous pourrions piéger du gibier, vous savez.

«Je vois, je vois, mon garçon. C'est une bonne idée. Puis-je vous aider?"

"Pas ce soir, père, à moins que tu veilles jusqu'à ce que cette étoile brillante se dresse au-dessus de toi."

Le vieil homme accepta de veiller jusqu'à ce que l'étoile s'approche du zénith. Un peu après minuit, Kibatti fut réveillé, et après avoir donné à son père l'ordre de s'endormir, il descendit. Il se rendit directement à sa maison et, parmi les décombres, il trouva ses solides filets et leurs cordes, ainsi que son couteau de chasse aiguisé, outre les cinq lances de son père et son propre carquois. Il transporta ces armes directement jusqu'à l'arbre et les porta jusqu'à la fourche inférieure. Cela fait, il redescendit de l'arbre et rampa jusqu'à un bout de marais non loin de là, où se trouvait un nid de grue qui contenait quelques œufs. Il les prit dans ses mains et fit le tour à travers les buissons jusqu'à la route d'Unyoro. Tout cela avait été fait très vite, car, étant chasseur, il connaissait bien le quartier, et tout en observant les animaux du village, son esprit s'était occupé de former ses plans. Lorsqu'il arriva sur la route d'Unyoro, il se redressa et se dirigea rapidement vers le village qui avait été celui de sa tribu. Arrivé à proximité, il rampa jusqu'à la porte et regarda à l'intérieur, puis suivit la clôture tout autour jusqu'à ce qu'il revienne à la même porte.

Kibatti se releva alors et héla les animaux en criant fort :

« Bonjour, bonjour ! Êtes-vous tous endormis ? Ne laisserez-vous pas entrer un pauvre étranger ignorant ? La nuit est froide et j'ai faim.

Le roi Buffalo, qui était de garde, trottina jusqu'à la porte et, regardant dehors, vit un petit garçon nu, à l'exception d'une maigre robe qui pendait de ses épaules.

"Qui es-tu?" » demanda le buffle de sa voix la plus bourrue.

Kibatti répondit de la voix rauque d'un orphelin orphelin et affamé.

«C'est moi, Kibatti le Petit, d'Unyoro.»

"Que veux-tu?"

« Seulement un peu de feu pour rôtir mes œufs et un endroit pour dormir. Je suis un garçon de la forêt et je vis seul à Unyoro. Mes parents sont tous deux morts et je n'ai pas de maison. Si vous me donnez du travail, je resterai avec vous ; car alors j'aurai suffisamment à manger. Sinon, laisse-moi dormir ici cette nuit, et demain matin je partirai.

« Quel travail peux-tu faire ? »

"Pas grand-chose, mais je peux aller chercher de l'eau et du carburant."

"Attends une minute, je vais voir si notre peuple te laissera entrer."

Le buffle s'éloigna et réveilla le rhinocéros, l'éléphant, le lion, le léopard et l'hyène, et leur dit qu'il y avait un petit garçon de la forêt qui cherchait un logement pour la nuit. Au début, la croyance générale était qu'il appartenait à la tribu qui possédait le village, mais le buffle niait que ce garçon ait pu connaître le pays, car il s'était hardiment avancé jusqu'à la porte depuis la route d'Unyoro ; D'ailleurs, était-il probable qu'un petit garçon, sachant ce qui s'était passé, serait un jour revenu lorsque ceux qui avaient détruit le village en seraient devenus propriétaires ? Cette dernière remarque régla la question. Le roi Éléphant a dit :

« Comme tu veux, Buffalo. Même s'il en était autrement, un petit garçon ne peut faire aucun mal. Laissez-le entrer. Nous lui donnerons beaucoup de travail.

Le roi Buffle ouvrit la porte et permit à Kibatti d'entrer, et le présenta à ses amis, le roi Éléphant et les autres, qui sourirent tous en voyant sa forme élancée et petite, le seul humain parmi eux. Buffalo a pris très gentiment son protégé et lui a fait visiter les environs, tandis que Kibatti l'a amusé avec son bavardage innocent et simple, qui a convaincu le bovin royal que le petit Kibatti était en effet un orphelin des bois sauvages.

« Et où dormez-vous tous ? » demanda Kibatti de Buffalo.

« Je dors ici, près de la porte, le Roi Éléphant se repose près de ce grand arbre. Le Roi Lion préfère s'allonger là près de cette grosse bûche, Frère Rhinocéros se jette au bord de la bananeraie, Léopard se recroqueville près de la clôture, et Hyène ronfle bêtement près de son tas d'os.

Au bout d'un moment, Buffalo s'allongea près de la porte pour se reposer un peu. Kibatti s'étendit près de lui, mais pas pour dormir. Ses yeux étaient bien ouverts, et il vit bientôt le nez de Buffalo posé sur le sol et sa tête se balancer d'un côté à l'autre. Kibatti dénoua alors une corde et, la passant furtivement autour des quatre pattes du buffle, passa l'autre extrémité autour du cou dans un nœud coulant sans le réveiller. Il rampa ensuite vers l'éléphant et attacha ses quatre pattes ensemble, serrant doucement le nœud coulant et attachant la corde trois ou quatre fois en faisant un tour, et les rassembla tous. Il fit de même avec le rhinocéros. Il sortit ensuite du portail et apporta son paquet de filets. Il en prit un, en attacha une extrémité à la clôture, et le tirant légèrement comme un rideau sur la forme du lion endormi, il l'accrocha simplement aux éclats et aux saillies de la clôture. De la même manière, il attacha un filet au léopard et un autre à l'hyène. Tout cela a fait l'astucieux petit Kibatti sans réveiller aucun d'entre eux. Il s'est ensuite faufilé par la porte une seconde fois et s'est dirigé vers l'arbre où dormaient ses parents.

« Viens, mon père, dit-il, les rois des troupeaux sont pris au piège et au filet. Faites descendre ma mère à la fourche inférieure, et venez, dépêchez-vous avec moi avec un paquet de lances, deux arcs et des carquois pleins de flèches, car il faut finir le jeu avant le matin.

Complètement armé de lances et de flèches, Kibatti a conduit son père jusqu'à la porte et est entré furtivement dans l'enceinte clôturée, et ils se sont tenus au-dessus des buffles encore endormis. Kibatti donna à son père une lance pointue et, posant doucement son doigt sur l'endroit vital, entre le cou et la tête, lui montra où frapper. Le père leva son bras droit très haut et, d'un seul coup, lui coupa la moelle épinière. Un frisson parcourut le corps du roi Buffalo et il se roula sur le sol, mort.

Ensuite, Kibatti et son père se sont approchés du Roi Lion, qui gisait en longueur près de la bûche près de la clôture, le côté exposé. Kibatti montra son propre côté gauche derrière l'omoplate, et le père et le fils dégainèrent leurs arcs et enfoncèrent deux flèches dans le cœur du Lion, qui bondit et se jeta comme une balle dans le filet, qui se referma autour de lui, et il se retrouva bientôt. gisait immobile et sans vie. De la même manière, le père et le fils envoyèrent Léopard et Hyène. Il ne restait plus que Rhinocéros et Éléphant.

Ils choisirent d'attaquer le premier animal, toujours couché sur le côté, inconscient du sort tragique de ses confédérés.

Kibatti montra l'avant-épaule de l'ennemi et toucha son père avec son doigt à deux pouces sous l'omoplate. Son père comprit et lança sa lance directement dans le corps avec une telle force que la lame fut enfouie. Le roi Rhinocéros, sentant le fer dans ses entrailles, renifla et lutta pour se relever, mais ce faisant, il resserra les cordes et tomba en roulant à moitié. Kibatti a sorti son arc et a enfoncé une flèche près de la lance enterrée de son père. Pendant ce temps, le roi Éléphant avait pris l'alarme et, luttant contre ses liens, il s'était chaviré à terre.

KILLING KING RHINOCEROS.

Kibatti poussa un cri de guerre et cria :

« Peu importe, père, laisse le rhinocéros mourir. Allons vers l'éléphant pendant qu'il est impuissant.

Ils se précipitèrent vers la bête prostrée et tirèrent d'abord leurs flèches sur tous les points vitaux exposés, puis lancèrent leurs lances avec un tel effet que peu de temps après, le dernier des rois des bêtes mit fin à ses jours.

Kibatti et son père s'enfuirent alors vers l'endroit où la vieille femme était accroupie dans la fourche de l'arbre, et l'emmenant avec eux, ils quittèrent le village en ruine et cherchèrent une maison dans un autre district où, à cause de la terrible vengeance qu'ils avaient prise. seigneurs des forêts, ils furent tenus toute leur vie en grande estime par leurs semblables.

Chapitre quatorze.

Le partenariat du lapin et de l'éléphant, et ce qui en a résulté.

En 1876, alors que nous voyageions vers l'Albert Edward Nyanza, Sabadu et Bujomba et d'autres membres de notre escorte du Waganda nous rejoignaient à notre feu du soir, et lorsqu'ils trouvaient de quoi se divertir, ils cédèrent volontiers à l'invitation de contribuer leur partagez-le. En outre, Sabadu était sans égal dans l'art de raconter des histoires : il était fluide et plein d'humour, tandis que son imitation des personnages qu'il décrivait maintenait l'intérêt de tous en alerte. Au lapin, bien sûr, il a donné une petite voix fine, à l'éléphant, il a donné une basse profonde, au buffle un meuglement creux. Lorsqu'il tentait le Lion, les veines de sa tempe et de son cou étaient terriblement distendues à mesure qu'il faisait l'effort ; mais quand il imitait le chien, on s'attendait presque à ce qu'un petit chien ressemblant à un terrier trotte jusqu'au feu, tant son yaup-yaup était parfait.

Tout le monde était d'accord lorsque Sabadu commençait son histoire que sa manière, même sa façon de s'asseoir et de lisser son visage, la pose de sa tête, trahissaient l'homme de pratique. Voici son histoire :

À Willimesi, en Ouganda, un lapin et un éléphant, venant de directions différentes, se sont rencontrés un jour sur une route et, étant de vieux amis, se sont arrêtés pour se saluer, discuter du temps et des récoltes et échanger des opinions sur l'état. du commerce. Finalement, le Lapin proposa à l'Éléphant de s'associer avec lui pour faire une petite expédition commerciale auprès des bergers Watusi, « parce que, » dit-il, « j'ai entendu dire qu'il y avait de bonnes chances de faire du profit parmi eux. Le tissu, m'a-t-on dit, y est très rare, et je pense que nous pourrions trouver une bonne affaire qui nous attend. L'éléphant n'était pas réticent et finit avec l'offre de son petit ami, et quelques ballots de marchandises diverses furent préparés pour le voyage.

Ils partirent en très bons termes et Lapin, qui possédait de nombreuses expériences, amusa grandement l'Éléphant. Peu à peu, les deux amis arrivèrent à une rivière, et l'éléphant, à qui l'eau était agréable, s'y avança pour la traverser, mais s'arrêta en entendant Lapin s'écrier :

« Pourquoi, Éléphant, tu ne vas sûrement pas traverser sans moi ? Ne sommes-nous pas partenaires ?

« Bien sûr, nous sommes partenaires, mais je n'ai pas accepté de vous transporter, vous ou votre sac. Pourquoi n'intervenez-vous pas directement ? L'eau n'est pas profonde, elle couvre à peine mes pieds.

« Mais, espèce d'idiot, ne vois-tu pas que ce qui couvre à peine tes pieds est plus que suffisant pour me noyer, et je ne sais pas du tout nager ; et d'ailleurs, si je mouille ma fourrure, j'attraperai la fièvre, et comment dois-je transporter mon sac à travers ?

«Eh bien, je n'y peux rien. C'est vous qui avez proposé de faire le voyage, et je pensais qu'un homme sage comme vous aurait su qu'il y avait des rivières qui traversaient la route et que vous saviez quoi faire. Si vous ne pouvez pas voyager, alors au revoir. Je ne peux pas m'arrêter ici toute la journée », et l'éléphant a traversé le chemin de l'autre côté.

« Sale coquin », marmonna Lapin. "Très bien, mon grand ami, je te paierai pour ça un jour."

Non loin de là, cependant, Lapin trouva une bûche, et après y avoir placé son sac, il pagaya et atteignit l'autre rive en toute sécurité ; mais à son grand regret, il découvrit que sa balle avait été mouillée et endommagée.

Lapin essuya l'eau autant que possible et reprit le voyage avec l'Éléphant, qui avait regardé avec insouciance les efforts de son ami pour traverser la rivière.

Heureusement pour Rabbit, la dernière partie du voyage ne présenta pas de telles difficultés et ils arrivèrent à temps parmi les bergers Watusi.

Or, dans le commerce, l'Éléphant n'était pas comparable au Lapin, car il ne parlait pas aussi agréablement que Lapin et n'était pas du tout sociable. Lapin allait parmi les femmes, riait et plaisantait avec elles, et disait tant de choses drôles, qu'elles étaient ravies de lui, et quand enfin la question commerciale fut abordée avec précaution, la femme d'un chef se montra si bonne envers lui, qu'elle a donné une très belle vache en échange de sa petite balle de tissu. Elephant, de son côté, se rendit parmi les hommes et leur dit simplement qu'il était venu acheter du bétail avec du tissu. Les bergers Watusi, n'aimant pas son apparence ni ses manières, dirent qu'ils n'avaient pas de bétail à vendre, mais que s'il voulait en avoir, ils lui donneraient une génisse d'un an pour son ballot. Bien que le ballot de l'Éléphant fût très lourd et bien plus précieux que celui du Lapin, pourtant, comme il était si bourru et si laid, il fut finalement obligé de se contenter de la petite génisse.

Juste au moment où ils quittaient le Watusi pour commencer leur voyage de retour, Éléphant dit à Lapin : « Maintenant, attention, si nous rencontrons quelqu'un sur la route, et qu'on nous demande à qui appartiennent ces bovins, je souhaite que vous m'obligiez en disant qu'ils sont. le mien, parce que je n'aimerais pas qu'on croie que je ne suis pas un aussi bon commerçant que nous. Ils auront aussi peur de les toucher s'ils savent qu'ils m'appartiennent ; tandis que s'ils apprennent qu'ils vous appartiennent, tout le monde pensera qu'il y a autant de droits que vous, et vous n'oserez pas défendre votre propriété.

"Très bien", répondit Lapin, "je comprends bien."

Peu de temps après, tandis que Lapin et Éléphant conduisaient leur bétail, ils rencontrèrent de nombreuses personnes venant du marché qui s'arrêtèrent et les admirèrent et dirent : « Ah, quelle belle vache est-ce ! à qui appartient-il ?

"Il m'appartient", répondit la voix ténue de Lapin. "Le petit appartient à Elephant."

« Très bien en effet. Une bonne vache, ça, » répondirent les gens et ils passèrent leur chemin.

Vexé et agacé, Éléphant cria avec colère à Lapin : « Pourquoi n'as-tu pas répondu comme je te l'ai dit ? Maintenant, faites ce que je vous dis lors de la prochaine réunion avec des inconnus.

"Très bien", répondit Lapin, "je vais essayer de m'en souvenir."

Peu à peu, ils rencontrèrent un autre groupe qui rentrait chez lui avec des volailles et du vin de palme, et qui, lorsqu'ils arrivèrent, dit : « Ah, c'est une belle bête, et en premier ordre. A qui est-ce?"

"C'est à moi", répondit rapidement Lapin, "et la petite génisse galeuse appartient à Éléphant."

Cette réponse a mis Éléphant en colère, qui a dit : « Quel petit imbécile obstiné tu es. Ne m'as-tu pas entendu te demander de dire que c'était le mien ? Maintenant, souviens-toi, tu devras le dire la prochaine fois, ou je te laisse trouver ton propre chemin pour rentrer chez toi, parce que je sais que tu es un horrible petit lâche.

"Très bien, je le ferai la prochaine fois", répondit Lapin d'une voix douce.

Peu de temps après, ils rencontrèrent une autre foule qui s'arrêta en face d'eux et les gens dirent : « Vraiment, c'est une vache extrêmement belle. À qui d'entre vous appartient-il ?

"C'est à moi. Je l'ai acheté aux Watusi », répondit Rabbit.

L'Éléphant était si en colère cette fois qu'il s'éloigna de Lapin et conduisit sa petite génisse par un autre chemin, et vers Lion, Hyène, Buffle et Léopard, qu'il rencontra, il dit quelle belle et grasse vache était en train d'être. conduit par un petit Lapin lâche sur l'autre route. Il l'a fait par simple méchanceté, espérant que l'un d'entre eux serait tenté de le prendre de force à Lapin.

Mais Lapin était sage et avait vu la méchanceté sur le visage d'Éléphant alors qu'il s'éloignait, et il était sûr qu'il lui jouerait un mauvais tour ; et, comme la nuit tombait, que sa maison était éloignée, et qu'il savait qu'il y avait beaucoup de vagabonds qui guettaient pour voler les pauvres voyageurs, il pensa que si son esprit ne parvenait pas à le sauver, il courrait un grand danger.

Il est vrai que peu de temps après, un grand lion fanfaron s'est levé du bord de la route et a crié : « Bonjour, vous voilà. Où vas-tu avec cette vache ? Venez, parlez.

« Ah, c'est toi, Lion ? Je l'apporte à Mugassa (la divinité), qui s'apprête à donner un festin à tous ses amis, et il m'a dit particulièrement de vous inviter à le partager, si je devais vous rencontrer.

« Hein ? Quoi? À Mugassa ? Oh, eh bien, je suis fier de t'avoir rencontré, Lapin. Comme je n'ai pas d'autres engagements, je vous accompagnerai, car tout le monde considère que c'est un honneur d'attendre Mugassa.

Ils avancèrent un peu plus loin, et un buffle bondissant s'approcha et hurla violemment. «Toi, Lapin, arrête», dit-il. « Où emmènes-tu cette vache ?

« Je l'emmène à Mugassa, tu ne sais pas. Comment un petit bonhomme comme moi aurait-il le courage de partir si loin de chez lui si je n'étais pas en service pour Mugassa ? Je suis également chargé de te dire, Buffalo, que si tu souhaites te joindre au festin que Mugassa est sur le point de donner, il sera heureux de t'avoir comme invité.

"Oh, eh bien, c'est effectivement une bonne nouvelle. Je viens maintenant, Lapin, et je suis très heureux de t'avoir rencontré. Comment vas-tu, Lion ?

À une courte distance du groupe, nous rencontrâmes un énorme éléphant voyou qui se tenait au milieu de la route et demanda où la vache était emmenée, d'un ton qui exigeait une réponse rapide.

« Maintenant, Éléphant, écarte-toi. Cette vache est emmenée à Mugassa, qui sera en colère contre vous si je tarde. N'avez-vous pas entendu parler du festin qu'il s'apprête à donner ? À propos, comme vous êtes des invités, autant m'aider à conduire cette vache, et me laisser monter sur votre dos, car je suis terriblement fatigué.

"Eh bien, c'est grandiose", dit l'Éléphant, "je serai ravi de me régaler avec Mugassa, et... viens monter sur mon dos. Je vous porterai avec plaisir. Et, Lapin, murmura Éléphant en le soulevant par sa trompe, n'oublie pas de dire un bon mot pour moi à Mugassa.

Bientôt, un léopard puis une hyène furent rencontrés, mais voyant une foule si puissante derrière la vache, ils firent preuve d'une grande courtoisie et furent invités à accompagner le groupe de Lapin au festin de Mugassa.

Il faisait assez sombre lorsqu'ils arrivèrent au village de Rabbit. À la porte se tenaient deux chiens, amis de Lapin, et ils aboyaient furieusement ; mais entendant la voix de leur ami, ils s'approchèrent et accueillirent Lapin.

Le groupe s'arrêta et Lapin, après avoir atteint le sol, murmura aux Chiens comment les choses se passaient, et les Chiens remuèrent la queue d'un air approbateur et jappèrent de plaisir en entendant parler de l'esprit de Lapin. Il ne fallut pas longtemps aux Chiens pour comprendre ce qu'on attendait d'eux, et l'un d'eux se dirigea vers le village et revint peu de temps après avec un prétendu message du grand Mugassa.

« Eh bien, mes amis, entendez-vous ce que dit Mugassa ? s'écria Lapin d'une voix importante.

« Les chiens doivent poser des nattes à l'intérieur du village près de la porte, et la vache doit être tuée, et la viande doit être joliment préparée et déposée sur les nattes. Et quand cela sera fait, Mugassa lui-même viendra donner à chacun sa part. Il dit que vous êtes tous les bienvenus.

« Maintenant, écoutez-moi avant d'aller à Mugassa, et je vais vous montrer comment vous pouvez tous contribuer à hâter la fête, car je suis sûr que vous avez tous hâte de commencer.

« Toi, Hyène, tu dois tuer la vache et préparer la viande, et les Chiens la porteront et la déposeront sur les nattes ; mais rappelez-vous, si l'on touche un peu avant que Mugassa ne commande, nous sommes tous ruinés.

« Toi, Éléphant, tu prends cette hache de cuivre de Mugassa et tu fends joliment du bois pour le foyer.

« Buffle, tu vas chercher un bois à l'écorce lisse et qui brûle bien, et tu l'apportes à Éléphant.

« Léopard, tu vas à la bananeraie, tu surveilles la feuille qui tombe et tu l'attrapes avec tes paupières, afin que nous ayons des assiettes convenables.

"Lion, mon ami, va remplir ce pot de la source et apporter de l'eau pour que Mugassa puisse se laver les mains."

Ayant donné ses instructions, Lapin partit se pavaner dans le village ; mais après avoir parcouru un peu de chemin, il s'élança sur le côté, et, passant par une porte latérale, sortit et arriva en rampant vers une fourmilière. Au sommet se trouvait une touffe d'herbe, et de sa cachette, il avait une vue sur la porte et sur tous ceux qui pourraient s'en approcher.

Maintenant, Buffalo ne pouvait trouver qu'une seule bûche à l'écorce lisse, et Dogs cria à Buffalo qu'une seule bûche n'était pas suffisante pour rôtir ou faire bouillir la viande, et il revint en chercher d'autres.

L'éléphant frappa le rondin avec sa hache de cuivre, qui se brisa du premier coup, et il n'y avait rien d'autre pour couper le bois.

Léopard observait et guettait la chute des feuilles, mais n'en voyait aucune.

Le pot du Lion avait un trou au fond, et il ne pouvait jamais le garder plein, même s'il essayait à maintes reprises.

Pendant ce temps, Hyène ayant tué la vache et joliment préparé la viande, dit aux Chiens : « Maintenant, mes amis, la viande est prête. Que dois-je faire ?

"Vous pouvez nous aider à transporter la viande et à la déposer sur les nattes, si vous le souhaitez, car Mugassa doit la voir avant que quiconque puisse la toucher."

« Ah, mais j'ai extrêmement faim et j'ai l'eau à la bouche à tel point que j'en ai mal au cœur. On ne peut pas aller partager et manger un petit peu ? Il a l'air très beau et gros », gémit la Hyène.

« Ah non, nous ne devrions pas oser faire une chose pareille. Nous avons depuis longtemps quitté la forêt et ses habitudes, et sommes impropres à autre chose que la société humaine ; mais si on vous permettait d'en manger, vous pourriez vous envoler dans les bois, et nous en serions tous responsables. Non, non, viens, aide-nous à le porter à l'intérieur. Vous n'aurez pas à attendre longtemps.

La hyène fut obligée d'obéir, mais elle parvint à cacher dans l'herbe quelques tripes. Lapin, derrière sa touffe d'herbe, voyait tout et faisait un clin d'œil dans le noir.

Une fois la viande dedans, Dogs dit : « Tout va bien maintenant. Restez dehors jusqu'à ce que les autres arrivent.

Hyène se retira, et quand il fut à l'extérieur de la porte, chercha ses tripes et s'allongea tranquillement pour en profiter, mais alors qu'il était sur le point de les mordre, Lapin cria : « Ah, espèce de voleur, Hyène. Espèce de voleur, je te vois. Arrêtez le voleur, Mugassa arrive.

Ces cris alarmèrent tellement Hyène qu'il laissa tomber ses tripes et s'enfuit aussi vite que ses jambes pouvaient le porter, et les autres, Buffle, Éléphant, Lion et Léopard, fatigués d'attendre et entendant ces cris alarmants, s'enfuirent aussi . , laissant Rabbit et ses amis chiens en possession tranquille. Ils portèrent les tripes dans le village, fermèrent la porte et la barrèrent, après quoi ils rirent fort et longuement, Lapin se roulant par terre encore et encore avec le plaisir de tout cela.

Mes amis, Lapin était le plus petit de tous, mais par sa sagesse, il était plus qu'un adversaire de taille face à deux éléphants, un buffle, un léopard, un lion, une hyène et tous. Et même ses amis, les Chiens, ont dû admettre que l'esprit de Rabbit était sans égal. C'est mon histoire.

Chapitre quinze.

Les Aventures de Saruti.

« J'ai une mauvaise mémoire des légendes », dit Bujomba, une nuit, alors que nous étions au camp à Benga : « mais je me souviens de ce qu'un jeune Mtongolè (colonel) nommé Saruti racontait à Mtesa après son retour d'une expédition à la frontière de Unyoro. Quelle tête cet homme avait, et quels yeux ! Mtesa aimait toujours les bonnes histoires et aimait à interroger ceux qu'il envoyait dans des pays lointains, jusqu'à ce qu'on puisse dire qu'il ne restait plus rien chez un homme qui vaille la peine d'être entendu après qu'il en ait fini avec lui. Mais Saruti n'avait pas besoin d'être interrogé. Il parlait encore et encore sans s'arrêter, jusqu'à ce que Mtesa ne puisse plus rester assis par pure lassitude. Ce sont là quelques-unes des choses dont il a été témoin au cours de son voyage. Il ne faut pas me demander si je crois tout ce qu'il a dit. Tout ce que je peux dire, c'est qu'ils auraient pu se produire ou avoir été vus par de nombreux hommes, mais je n'ai jamais pu vraiment comprendre comment Saruti seul avait eu la chance de voir toutes les choses dont il parlait. Quoi qu'il en soit, il était très amusant et Mtesa riait de bon cœur à plusieurs reprises en l'écoutant.

Kabaka, je pense que les charmes que mon père m'a suspendus au cou doivent être très puissants. J'ai toujours de la chance. J'entends de bonnes pierres au cours de mon voyage, je vois des choses étranges que personne d'autre ne semble avoir rencontrées. Or, lors de ce dernier voyage, au moment où j'arrivais à Singo, je suis arrivé dans un petit village, et alors que je buvais du vin de banane avec le chef, il m'a dit qu'il y avait deux lions près de son village qui avaient une bande de hyènes à servir. comme soldats sous leurs ordres. Ils les envoyaient par paires, tantôt dans un district, tantôt dans un autre, pour leur fournir de la nourriture. Si les paysans se battaient, ils retournaient faire leur rapport à leurs maîtres, et les lions amenaient avec eux tous leurs soldats, qui les dérangeaient si bien qu'ils étaient heureux de laisser en hommage un gros bœuf attaché à un arbre. Alors les lions prenaient le taureau et ordonnaient que le paysan qui payait son tribut soit laissé en paix. Le chef déclara que c'était un fait, après en avoir eu des preuves répétées.

A l'endroit suivant, qui est Mbagwè, le responsable Buvaiya, qui en est le responsable, m'a raconté que lorsqu'il était allé peu de temps auparavant présenter ses respects au Muzimu (l'oracle) du quartier, il avait rencontré une trentaine de *kokorwa* sur le route, chassant les serpents de près, et que dès qu'ils l'ont vu, ils se sont précipités sur lui et l'auraient tué s'il n'avait pas grimpé sur un arbre. Il me dit que même s'ils ne sont pas beaucoup plus gros que des lapins, ils sont très sauvages et rendent les voyages seuls très dangereux. Je pense que ce doivent être des sortes de petits chiens. Peut-être que les anciens de la cour seront peut-être mieux à même de vous dire de quoi il s'agit.

Au village voisin de Ngondo, on m'a amené un garçon intelligent nommé Rutuana, qui aurait joué récemment avec un jeune ami du même âge au long bâton et au petit bâton (tip-cat ?). Son ami a frappé le petit bâton et l'a envoyé très loin, et Rutuana a dû le récupérer dans les hautes herbes. En le cherchant, un de ces gros serpents qui avalent chèvres et veaux l'attrapa et s'enroula autour de lui. Bien qu'il ait crié à l'aide, Rutuana a posé son bâton sur sa poitrine et, saisissant chaque extrémité avec une main, il l'a tenu fermement jusqu'à ce que l'aide arrive. Son ami a grimpé dans un arbre et ne l'a aidé qu'en criant. Comme le serpent ne pouvait pas briser la main du garçon sur le bâton, il ne pouvait pas lui écraser les côtes, parce que ses bras tendus les protégeaient ; mais quand il fut presque épuisé, les villageois sortirent avec des lances et des boucliers. Ces gars-là, cependant, étaient si stupides qu'ils ne savaient pas comment tuer le serpent jusqu'à ce que Rutuana leur crie : « Vite ! tirez vos arcs et tirez-lui une balle dans le cou. Un homme s'avança alors, et lorsqu'il fut près de lui, lui transperça la gorge avec la flèche, et tandis que le serpent se déroulait pour attaquer les hommes, Rutuana tomba. Le serpent fut bientôt transpercé et le garçon fut ramené chez lui. Je pense que ce garçon deviendra un grand guerrier.

Au village voisin, les paysans furent très dérangés par une multitude de serpents qui s'y étaient rassemblés pour une raison quelconque. Ils avaient aperçu plusieurs longs serpents noirs qui avaient élu domicile dans les fourmilières. Ceux-ci avaient déjà tué cinq vaches et s'étaient récemment mis à attaquer les voyageurs le long de la route qui mène près des fourmilières, lorsqu'un Arabe, nommé Massoudi, ayant entendu parler de leur malheur, entreprit de les tuer. Il avait avec lui quelques esclaves ; il leur couvrit les jambes de peau de buffle, leur plaça des marmites sur la tête et leur dit d'aller parmi les fourmilières. Lorsque les serpents sortaient de leurs trous, il les abattait un par un. Parmi les reptiles qu'il tua, il y avait trois espèces de serpents dotés de cornes. Les paysans les écorchaient et en faisaient des sacs pour conserver leurs charmes. Une espèce de serpent à cornes, très épaisse et courte, pond, dit-on, des œufs aussi gros que ceux des poules. Le *mubarasassa* , de couleur grisâtre, serait également capable de tuer des éléphants.

Je me rendis ensuite à Kyengi, au-delà de Singo, et les paysans, venus bavarder avec moi, me bouleversèrent un peu avec des histoires terribles sur les méfaits commis par un gros léopard noir. Il semble qu'il ait d'abord tué une femme et qu'il ait emporté le corps dans la brousse ; et une autre fois, il avait tué deux hommes alors qu'ils tendaient leurs filets pour un petit gibier au sol. Alors un chasseur indigène, sous la promesse d'une récompense du chef, partit avec deux lances pour le tuer. Il n'y parvint pas, mais il dit avoir vu un spectacle étrange. Alors qu'il suivait la trace du léopard, il arriva soudain dans une petite jungle, avec un espace ouvert au milieu. Une grosse truie sauvage, suivie de sa portée de petits cochons, fouillait et grognait comme font les cochons, lorsqu'il vit le monstrueux léopard noir ramper vers l'un des cochons. Puis il y eut un cri aigu d'un cochon, et la mère, levant les yeux, découvrit le danger, ce qui fit qu'il chargea furieusement le léopard, heurtant ses défenses et écumant à la bouche. Le léopard se retourna brusquement et sauta sur un arbre. La truie essaya de sauter après lui, mais ne parvenant pas à atteindre son ennemi de cette manière, elle se mit à travailler dur sur les racines. Pendant qu'elle s'occupait de cela, le paysan courut chercher un filet, des assistants et son chien de chasse. Lorsqu'il revint, la truie bêchait encore au pied de l'arbre et avait fait un grand trou tout autour. Les cochons, effrayés de voir tant d'hommes, s'enfuirent au trot dans la brousse, et le chasseur et ses amis se préparèrent à attraper le léopard. Ils attachèrent le filet tout autour de l'arbre, puis lâchèrent le chien et le poussèrent vers le filet. Alors qu'il touchait le filet, les chasseurs firent un grand bruit et crièrent, après quoi le léopard bondit hors de l'arbre et, d'un seul coup de patte, déchira le chien, sauta par-dessus le filet, tapota l'épaule d'un des hommes. , et il s'enfuyait, lorsqu'il reçut une blessure à l'épaule et s'arrêta pour mordre la lance. Les chasseurs ont continué à l'inquiéter, jusqu'à ce qu'enfin, couvert de sang, il se couche et meure.

Un jour de voyage au-delà de Kyengi, je suis arrivé au village entouré d'épines de quelques bergers Watusi, qui, semble-t-il, avaient beaucoup souffert d'un couple de lionceaux très féroces. Le petit garçon du chef s'occupait de quelques veaux lorsque les petits sont arrivés, l'ont traqué tranquillement dans l'herbe et l'ont attrapé. Le chef prit cela tellement à cœur que dès qu'il apprit la nouvelle, il retourna directement dans son village et se pendit à une poutre. Les Watusi aiment beaucoup leurs familles, mais il semble que ce soit une coutume chez ces bergers que si un homme se suicide, le corps ne peut pas être enterré, et bien qu'il s'agisse d'un chef, ils l'ont transporté dans la jungle, et après avoir quitté pour les vautours, ils revinrent et mirent le feu à sa hutte, et la brûlèrent entièrement. Après avoir fait cela, les Watusi se sont rassemblés et ont lancé une longue chasse aux jeunes lions, mais ils n'ont pas encore pu les trouver.

Quand le soleil était à mi-hauteur du ciel, je suis venu de Kyengi chez des paysans, qui vivaient près d'une forêt affectée par les hommes-singes appelés nziké (gorille ?). Ils m'ont dit que les nziké savent fumer et faire du feu tout comme nous. C'est une coutume chez les indigènes, lorsqu'ils voient de la fumée s'échapper des arbres, qu'ils disent : « Voici, le nziké fait cuire sa nourriture. » Je leur ai demandé s'il était vrai que les nziké enlevaient des femmes pour vivre avec eux, mais ils m'ont tous répondu que c'était faux, même si les vieillards racontent parfois de telles histoires pour effrayer les femmes et les maintenir chez elles hors de danger. Sachant que j'étais pour les affaires du roi, ils n'osèrent pas me raconter leurs fables.

En leur posant toutes sortes de questions, je fus montré à un très vieil homme à barbe blanche, avec lequel je m'amusai beaucoup. Il paraît qu'il est un grand homme en énigmes, et il m'en a posé beaucoup.

L'une d'elles était : « Qu'est-ce qui va toujours droit devant et ne regarde jamais en arrière ?

J'ai essayé de lui répondre, mais quand il a finalement annoncé que c'était une rivière, je me suis senti très stupide.

Il m'a alors demandé : « Qu'est-ce qu'il y a d'os à l'extérieur et de viande à l'intérieur ? »

Les gens ont ri et se sont moqués de moi. Puis il a dit que c'était un œuf, ce qui était très vrai.

Une autre question qu'il m'a posée était : « Qu'est-ce qui regarde des deux côtés lorsque vous passez devant ? »

Certains disaient une chose, d'autres en disaient une autre, et finalement il répondit que c'était de l'herbe.

Alors il me demanda : « À quoi bon qu'un homme mange, et qu'il fixe constamment ses yeux pendant qu'il mange, et qu'après avoir mangé, il en jette la moitié ? » J'ai réfléchi et réfléchi, mais je n'ai jamais su ce que c'était jusqu'à ce qu'il me dise que c'était un épi de maïs indien grillé.

Ce vieil homme était très sage et il disait entre autres : « Quand les gens rêvent beaucoup, la vieille lune doit être en train de mourir. »

Il a également déclaré que « lorsque la vieille lune se meurt, le chasseur n'a jamais besoin de quitter sa maison pour chercher du gibier, car il est bien connu qu'il ne trouvera rien. »

Et il ajouta en outre qu'à cette époque, le potier n'avait pas besoin d'essayer de cuire des pots, car l'argile serait sûrement pourrie.

D'autres choses qu'il a dites m'ont fait réfléchir un peu à leur signification.

Il dit : « Quand les gens ont des provisions dans leurs huttes, ils ne disent pas : Entrons dans la maison d'un autre et volons-le. »

Il a également dit : « Quand vous voyez un dos courbé, vous ne lui demandez pas de se tenir droit, ni à un vieil homme de se joindre à la danse, ni à celui qui souffre, de rire. »

Et ce qu'il a dit du voyageur est très vrai. L'homme qui s'accroche à son propre foyer ne nous chatouille pas les oreilles, comme celui qui voit de nombreux pays et entend de nouvelles histoires.

Le lendemain je me suis arrêté dans un village près du petit lac de Kitesa appelé Mtukura. Le chef en charge aimait tellement causer, qu'il me fit bientôt connaître les affaires de sa famille aussi bien que s'il faisait la cour à ma sœur. Ses gens sont habitués à manger des grenouilles et des rats, et d'après le bruit des roseaux, ainsi que les bruissements et les cris du toit de la hutte dans laquelle j'ai dormi, je pense qu'il y a peu de crainte de famine dans ce village. Ils ne sont pas non plus opposés, me disent-ils, aux iguanes et à ces vils nourrisseurs, les hyènes.

C'est une croyance commune dans le pays que c'est Naraki, une épouse d'Uni, un sultan d'Unyoro, qui a fait ce lac. En passant, elle avait très soif et cria à son Muzimu (esprit), le Muzimu qui accompagne les rois d'Unyoro et qui est le plus puissant. Et tout à coup, il y eut un vol sifflant de pierres de feu (météorites) dans l'air, et immédiatement après, il y eut une chute d'une pierre monstrueusement grande, qui frappa le sol près d'elle et fit un grand trou, d'où le l'eau jaillit et continua de monter jusqu'à ce qu'un lac se forme et enfouisse la fontaine hors de vue, et les eaux montantes formèrent une rivière qui coule depuis du lac vers le nord jusqu'au Kafu.

Tout près de ce lac se trouve un bosquet sombre, sacré pour Muzingeh, le roi des oiseaux. On dit qu'il n'a qu'un œil, mais une fois par an il visite le bosquet, et après avoir construit sa maison, il ordonne à tous les oiseaux des Nyanzas et des bosquets de venir le voir et de lui rendre hommage. Pendant une demi-lune, on voit les oiseaux, grands et petits, le suivre le long des rives du lac, comme autant de gardes autour d'un roi ; et avant la nuit, on les voit revenir de la même manière au bosquet. Les cris des perroquets avertissent les indigènes de leur arrivée, et personne ne voudrait manquer la vue et l'excitation joyeuse parmi la tribu à plumes. Mais il y a un oiseau, appelé Kirurumu, qui refuse de reconnaître la souveraineté des Muzingeh. Les autres oiseaux ont souvent essayé de l'inciter à s'associer avec les Muzingeh ; mais Kirurumu répond toujours qu'une belle créature comme lui, avec des plumes dorées et bleues et une si jolie crête, n'a jamais été censée être vue en compagnie d'un oiseau laid qui ne possède qu'un seul œil.

De l'autre côté du lac Mtukura se trouve une forêt où vit Dungu, le roi des animaux. C'est à Dungu que prient tous les chasseurs lorsqu'ils partent à la recherche du gibier. Il construit d'abord une petite cabane, et après l'avoir apaisé avec un petit morceau de chair, il demande à Dungu de réussir. Alors Dungu entre dans la tête du chasseur, s'il est satisfait de l'offrande, et la ruse de l'homme devient grande ; ses nerfs se raidissent, ses entrailles se renforcent et le gibier est assuré. Quand Dungu veut qu'un homme réussisse dans la chasse, il est inutile que le buffle méprise la terre et meugle, ou que le léopard se couvre de sable dans sa rage : la lance du chasseur boit son sang. Mais le chasseur ne doit pas oublier de rendre hommage à la divinité, de peur d'être tué sur le chemin du retour.

Le chef amical a insisté pour que je devienne son compagnon de sang et que je reste avec lui quelques jours. Le sorcier, homme de grande influence dans le pays, fut sollicité pour nous unir. Il a pris un petit couteau bien aiguisé et a fait une entaille dans la peau de ma jambe droite, juste au-dessus du genou, et a fait la même chose avec le chef, puis il a frotté son sang sur ma blessure et mon sang sur le sien, et nous sommes devenus frères. Parmi ses cadeaux se trouvait ce beau bouclier, que je prie Mtesa, mon Kabaka, d'accepter, car je n'en ai pas vu d'aussi beau, et il est trop beau pour un colonel dont le seul espoir et le seul désir est de servir son roi.

Je suis heureux de m'être reposé là, car j'ai vu un spectacle des plus merveilleux vers le soir. Alors que nous étions assis sous les bananes, nous avons entendu le bêlement d'un gros bouc, et à ce bruit nous avons compris que ce n'était ni pour le plaisir ni par amour. C'était un ton de colère et de peur. Presque au même moment, un des garçons s'est précipité vers nous, et son visage était vraiment devenu gris à cause de la peur, et il a crié : « Il y a un lion dans l'enclos des chèvres, et le gros bouc se bat avec lui. .» Ils avaient oublié de me parler de ce fameux bouc, qui s'appelait Kasuju, du nom d'un grand homme qui avait été célèbre dans la guerre, et il valait certainement la peine d'en parler, et Kasuju était bien connu dans les environs pour sa force merveilleuse et ses qualités de combattant. Lorsque nous approchâmes de l'enclos avec nos lances et nos boucliers, le bouc frappait le lion, qui était jeune car il n'avait pas de crinière, comme il aurait pu donner un coup de poing à un jeune bouc coquin, et il battait avec une note aussi pleine. comme celle d'un veau buffle. Il semble que Kasuju ait vu le destroyer se diriger vers l'une de ses femmes et se précipiter sur son flanc l'a renversé. Alors que nous regardions de l'extérieur, nous avons vu que Kasuju tenait très bien le coup, et nous avons pensé que nous n'allions pas arrêter le combat, mais nous préparer à lancer un bon lancer sur le lion alors qu'il tentait de partir. Le lion se réveillait et nous vîmes le saut qu'il faisait : mais Kasuju s'écarta prestement et lui donna un tel coup qu'il sonna comme un tambour. Puis Kasuju s'éloigna au trot devant ses épouses tremblantes, et alors que le lion s'approchait, nous le regardâmes retirer ses oreilles alors qu'il se dressait sur ses pattes arrière comme un guerrier. Le lion s'avança vers lui, et il se leva également comme s'il voulait lutter avec lui, lorsque Kasuju lui tira une balle dans la gorge d'un coup si juste et si juste, qu'il enfonça profondément une de ses cornes dans la gorge. C'est alors que les griffes du lion commencèrent à agir, et à chaque égratignure la peau du pauvre Kasuju était terriblement déchirée, mais il garda sa corne dans la plaie, et la repoussa jusqu'au fond, et agrandit la blessure. Puis le lion se libéra et le sang jaillit partout à Kasuju. Aveuglé par son cuir chevelu déchiré et pendant, et affaibli par ses blessures, il chancela, frappant aveuglément son ennemi, jusqu'à ce que le lion lui donne un puissant coup de patte et l'envoie tête baissée, puis le saisit par le cou et le secoue. lui, et nous avons entendu le craquement cruel lorsque les crocs se sont rencontrés. Mais ce fut le dernier effort du lion, car au moment où Kasuju était sans vie, le lion se retourna sur lui, mort également. Si mon ami m'avait raconté cette histoire, je ne l'aurais pas cru, mais comme je l'ai vu de mes propres yeux, je suis obligé de la croire. Nous avons enterré Kasuju honorablement dans une tombe, comme nous enterrions un homme courageux ; mais nous avons écorché le lion, et j'ai récupéré sa fourrure avec le trou déchiqueté dans la gorge.

Le combat singulier auquel nous avions été témoins nous a fourni à tous beaucoup de matière à parler des lions, et il a rappelé à l'un d'eux l'histoire d'un combat de crocodiles et de lions qui s'était produit quelque temps auparavant dans la nuit. Le lac Mtukura fourmille de crocodiles, et étant situé dans une région de gibier, ils doivent être gras de proies. Une nuit, un lion adulte à belle crinière venait se rafraîchir la gorge sèche dans le lac, et buvait de l'eau, lorsqu'il sentit son nez saisi par quelque chose qui montait d'en bas.

D'après les traces de la lutte au bord de l'eau, elle a dû être terrible. Les longues griffes du crocodile avaient laissé des marques profondes, montrant comment il avait dû être soulevé hors de l'eau et jeté avec force ; mais le matin, le lion et le crocodile furent trouvés morts, la gorge du crocodile grande ouverte avec une large entaille, mais ses dents toujours attachées dans le nez du lion.

Saruti n'avait pas à moitié fini ses récits qu'il sentit, en voyant Mtesa bâiller, que, même si ses aventures étaient très intéressantes et qu'il était tout prêt à continuer, il aurait néanmoins intérêt à couper la langue pour le moment. Alors il dit : « Kabaka, le vieil homme sage que j'ai rencontré, m'a dit une chose que j'avais presque oublié de dire. Il dit : « Je sais que tu es un serviteur du roi, et si jamais tu veux que le visage du roi s'adoucisse et que sa main s'ouvre avec des cadeaux, compare-toi au couvercle d'une marmite qui, bien que la marmite peut être plein de ragoût parfumé, ne reçoit que la vapeur, et le roi qui est sage comprendra et sera content de son serviteur.

"Très bien dit, Saruti", s'écria Mtesa en riant. "Je comprends. Le couvercle doit partager avec le pot cette fois. Intendant, dit-il en se tournant vers Kauta, veillez à ce que six têtes de bétail soient conduites à l'enclos à bétail de Saruti ; » et Saruti twiyanzied (remercié par des prosternations) si souvent que sa tête lui tournait.

Chapitre seize.

Le garçon Kinneneh et le gorille.

C'est dans des histoires comme la Fable du Lapin, du Léopard et de la Chèvre, du Chien et de la petite poule, du Léopard, du Mouton et de la Colombe, de la Grue, du Léopard et du mouton, du Lapin et du Lion, du La vache et le lion, le lion et sa crinière, le lapin et le léopard, et le garçon Kinneneh et le gorille, que Kadu, notre conteur de légendes accompli, brillait. Ce n'est pas dans le désir d'être méchant envers Kadu que je dis qu'il n'a que trop montré que selon lui la ruse devait être préférée à la force. Peut-être avait-il raison, bien que ruse soit un mot très discrédité chez nous de nos jours, parce que nous sommes habitués à l'allier à la tromperie et à la fraude, mais nous y ferons la meilleure interprétation possible par admiration et gratitude envers Kadu, et prétendrons que sa ruse, qui était la morale de la plupart de ses récits, était une sorte de sagesse illégitime, ou une astuce permise. Aucun d'entre nous, du moins, n'a sympathisé avec les héros stupides de Kadu lorsque, par une petite triche agréable ou un stratagème astucieux, le buffle intimidateur a eu le pire d'une rencontre avec le lapin à l'esprit vif, ou lorsque le chien a eu raison de son aigreur. maîtresse la léopard, ou lorsque le lapin fit honte à l'éléphant hargneux, ou lorsque Kibatti conquit les rois des tribus animales. La légende de Kinneneh et du gorille était une autre histoire qui était évidemment destinée à Kadu et à l'ancien inconnu d'Ouganda qui l'ont inventée pour illustrer que la ruse est plus puissante que la force. Il l'a dit de cette façon :

Au début de l'Ouganda, il y avait un petit village situé de l'autre côté de la Katonga, à Buddu, et ses habitants avaient planté des bananes et des plantains qui, avec le temps, sont devenus un assez grand bosquet et produisaient des fruits abondants et très fins. . D'un bosquet de bananes, quand ses fruits sont mûrs, il vient une odeur très agréable, et quand un souffle de vent souffle dessus et porte le parfum vers vous, je ne connais rien de si bien fait pour exciter l'appétit, si ce n'est le odeur de viande rôtie. En tout cas, telle devait être la sensation d'un très grand gorille qui, un jour, alors qu'il errait seul dans les bois à la recherche de noix à manger, s'arrêta brusquement, se leva et renifla pendant un certain temps, le nez bien en direction. du village. Au bout d'un moment, il secoua la tête et se remit à quatre pattes pour reprendre sa recherche de nourriture. De nouveau, avec une bouffée de vent, une forte odeur de bananes mûres vint, et il se remit debout, et le nez ainsi projeté, il inspira avidement, puis se frappa le ventre et dit :

«Je pensais que c'était le cas. Il y a des bananes par là, et il me faut en acheter.

Il tomba à quatre pattes et étendit les bras en s'étirant longuement, tout comme un pêcheur tire un lourd filet et s'empresse d'empêcher le poisson de s'échapper.

Peu de temps après, il arriva à la lisière du bosquet, se leva et regarda avec jubilation les beaux fruits suspendus en grandes grappes. Bientôt, il vit quelque chose bouger. C'était une femme courbée en deux sur un panier et y emballant soigneusement les fruits, afin de pouvoir en transporter une grande quantité en un seul voyage.

Le gorille ne resta pas longtemps à réfléchir, mais rampa secrètement vers elle ; puis, à bras ouverts, il se précipita et la saisit. Avant que la femme ait pu exprimer son inquiétude, il l'avait soulevée ainsi que son panier et s'était éloigné avec eux au trot dans le buisson le plus profond. En arrivant à son antre, il jeta la femme à terre, comme on jetterait de la viande morte, et approchant de lui le panier de bananes, ses deux jambes le serrant contre sa panse ronde, il se mit à se gaver en marmonnant tout en épluchant le fruits sons étranges. Peu à peu, la femme reprit ses esprits, mais au lieu de se taire, elle cria et essaya de s'enfuir. Sans ce mouvement et ce bruit, elle aurait peut-être pu s'éloigner sans être vue, mais les animaux de toutes sortes n'aiment jamais être dérangés en mangeant, alors Gorilla poussa un rugissement de rage et la serra tellement que le son souffle était propre et chassé d'elle. Quand elle fut immobile, il retomba, arracha la pelure des bananes et les jeta les unes après les autres dans sa large gorge, jusqu'à ce qu'il ne reste plus un seul fruit dans le panier, et que la grosse panse soit enflée jusqu'au double de sa première. taille. Puis, après avoir posé sa patte sur le corps pour voir s'il restait de la vie dedans, il grimpa jusqu'à son nid au-dessus et se recroquevilla en boule pour dormir.

Quand il se réveilla, il se secoua et bâilla, et regardant en bas, il vit le corps de la femme et son panier vide, et il se souvint de ce qui s'était passé. Il descendit de l'arbre, souleva le corps et le laissa tomber, puis prit le panier, regarda à l'intérieur et à l'extérieur, ratissa les pelures des bananes, mais ne trouva plus rien à manger.

Il se mit à réfléchir, se grattant la fourrure de sa tête, de ses flancs et de son ventre, ramassant distraitement une chose puis une autre. Et puis il semblait avoir élaboré un plan.

Quoi qu'il en soit, c'est ce qu'il a fait. Il était encore tôt le matin et comme il n'y avait aucun signe de soleil, il faisait froid et les êtres humains devaient finir leur dernier sommeil. Il se leva et se dirigea directement vers la plantation. A la lisière de la bananeraie, il entendit chanter un coq ; il s'est arrêté et l'a écouté ; il s'est mis en colère.

« Quelqu'un, se dit-il, me vole mes bananes », et sur ce, il se dirigea vers le chant du coq.

Il arriva sur la place ouverte devant le village et vit plusieurs hautes maisons beaucoup plus grandes que son propre nid ; et pendant qu'il les regardait, la porte de l'un d'eux s'ouvrit, et un homme sortit. Il rampa vers lui et avant qu'il ait pu crier, le gorille l'avait serré jusqu'à ce que ses côtes se brisent et qu'il soit mort ; il le jeta à terre et entra dans la hutte. Il y vit une femme qui soufflait du feu dans l'âtre, il la saisit et la serra jusqu'à ce qu'il ne reste plus de vie dans son corps. Il y avait trois enfants à l'intérieur et un lit par terre. Il les traita également de la même manière, et ils furent tous morts. Puis il entra dans une autre maison et tua tous les gens qui s'y trouvaient, l'un en le serrant, l'autre en le serrant et en le mordant avec ses grandes dents, et il n'en resta plus un seul vivant. De cette façon, il entra dans cinq maisons et tua tous les gens qui s'y trouvaient, mais dans la sixième maison vivaient le garçon Kinneneh et sa vieille mère.

Kinneneh avait cru entendre un son inhabituel, et il était resté à l'intérieur, les yeux près d'une fente dans la porte en roseau, pendant un certain temps lorsqu'il a vu quelque chose qui ressemblait à ce qu'on pourrait dire être moitié animal et moitié homme. Il marchait comme un homme, mais avait la fourrure d'une bête. Ses bras étaient longs et son corps faisait deux fois la largeur et l'épaisseur d'un homme adulte. Il ne savait pas ce que c'était, et quand il le vit entrer dans les maisons de ses voisins et qu'il entendit ces bruits étranges, il eut peur, se retourna et réveilla sa mère, en disant :

« Mère, réveille-toi ! il y a une étrange grosse bête dans notre village qui tue notre peuple. Alors réveillez-vous vite et suivez-moi.

« Mais où allons-nous voler, mon fils ? murmura-t-elle anxieusement.

"Montez au grenier et couchez-vous dans l'endroit le plus sombre", répondit Kinneneh, et il lui donna l'exemple et aida sa mère.

Or, ces maisons ougandaises n'ont pas de toit bas comme celles du Congo, mais sont très hautes, aussi hautes qu'un arbre, et elles s'élèvent jusqu'à une pointe, et près du sommet il y a un grenier où nous rangeons nos filets et nos pots. , et où nos flèches et nos arcs sont conservés pour assaisonner, et où notre maïs est conservé pour sécher et où les bananes vertes sont stockées pour mûrir. C'est dans cet endroit sombre et élevé que Kinneneh se cachait, lui et sa mère, et attendait en silence.

Peu de temps après, le gorille passa la tête dans leur maison et écouta, et entrant à l'intérieur, il resta un moment et regarda autour de lui avec attention. Il ne voyait personne et n'entendait rien bouger. Il regarda sous les herbes, dans les pots et les paniers noirs, mais il n'y trouva aucun être vivant.

« Ha, ha », s'écria-t-il en se frappant la poitrine comme un homme quand il a la grosse tête. "Je suis le patron de cet endroit maintenant, et le plus haut de ces nids humains sera le mien, et je me régalerai chaque jour de bananes et de plantains mûrs, et personne ne pourra m'agresser - ha, ha!"

« Ha, ha ! » fit écho d'une voix aiguë et perçante après sa superbe basse.

Le gorille regarda encore une fois autour de lui, parmi les pots et les paniers, mais ne trouvant rien, il sortit. Kinneneh, après un moment, descendit l'échelle et regarda entre les cannages ouverts de la porte, et le vit entrer dans la bananeraie, et y attendit jusqu'à ce qu'il revienne avec une puissante charge de fruits. Il le vit alors sortir de nouveau dans le bosquet, et ordonnant à sa mère de rester tranquille et patiente, Kinneneh se glissa dehors et monta dans le grenier de la maison choisie par le gorille pour son nid, où il se cacha et attendit.

Bientôt, le gorille revint avec une autre charge de fruit et, s'accroupissant sur ses hanches, commença à peler le fruit et à en remplir sa gorge et sa bouche, marmonnant et riant, et disant :

« Ha, ha ! C'est grandiose ! Beaucoup de bananes à manger, et toutes… toutes les miennes. Personne pour dire : "Donnez-m'en", mais tout à moi. Hé, hé ! Je me régalerai tous les jours. Ha, ha !

"Ha, ha", répéta à nouveau la voix sifflante.

Le gorille arrêta de manger et fronça les sourcils en écoutant. Il a ensuite dit:

« C'est la deuxième fois que j'entends une voix fine dire : 'Ha, ha !' Si seulement je savais qui était celui qui criait « Ha, ha ! Je le serrais, et je le serrais jusqu'à ce qu'il crie : « Pouah, pouah ! »

« Pouah, pouah ! répéta à nouveau la petite voix.

Le gorille se leva d'un bond et fouilla autour des pots et des paniers, s'empara des corps les uns après les autres et les projeta contre le sol, puis se rendit dans chaque maison et fouilla, mais ne put découvrir qui se moquait de lui.

Peu de temps après, il revint et mangea un tas de bananes qui aurait satisfait vingt hommes, puis il sortit en se disant que ce serait une bonne chose de remplir le nid de nourriture, car c'était ennuyeux de quitter le nid. nid chaud à chaque fois qu'il ressentait le besoin de manger.

A peine parti, Kinneneh descendit et emporta tous les paquets qui avaient été laissés dans sa propre maison, où ils furent rangés dans le grenier pour sa mère, et après avoir enjoint à sa mère de rester tranquille, il attendit, regardant à travers le grenier. fentes de la porte.

Il vit bientôt Gorilla portant un tas de bottes qui aurait nécessité dix hommes pour le porter, et après les avoir jetées dans la maison du chef, retourner à la plantation pour un autre approvisionnement. Pendant que Gorilla arrachait les plantes et cueillait les grappes, Kinneneh était activement occupé à transférer ce qu'il avait apporté dans le loft aux côtés de sa mère. Gorilla faisait de nombreux voyages de cette manière et en rapportait de grandes quantités, mais d'une manière ou d'une autre, son stock semblait être très petit. Enfin, ses forces furent épuisées, et sentant qu'il ne pouvait plus faire ce jour-là, il commença à se nourrir de ce qu'il avait apporté en dernier lieu, se promettant qu'il ferait mieux le matin.

A l'aube, le gorille s'est dépêché d'aller chercher des fruits pour son petit-déjeuner, et Kinneneh a profité de son absence pour se cacher au-dessus de sa tête.

Il ne resta pas longtemps à sa place lorsque Gorilla arriva avec une énorme quantité de fruits mûrs, et après s'être installé confortablement sur ses hanches avec un gros bouquet devant lui, il se balança d'avant en arrière en disant tout en mâchant :

« Ha, ha ! Maintenant, j'en ai à nouveau assez et je vais tout manger moi-même. Ha, ha !

"Ha, ha", répéta à nouveau une voix mince, si proche et si claire qu'elle lui parut, qu'en sautant il s'assura de l'attraper. Comme il ne semblait y avoir personne dans la maison, il sortit en colère, grinçant des dents, et fouilla les autres maisons. Pendant ce temps, Kinneneh transporta les bananes jusqu'au grenier de la maison du gorille et les recouvrit d'un tissu d'écorce.

Peu de temps après, Gorilla revint furieux et déçu, et s'assit pour terminer le petit-déjeuner qu'il venait juste de commencer, mais en tendant les mains, il ne trouva que les pelures flétries des bananes de la veille. Il regarda et fouilla, mais il ne restait absolument plus rien à manger. Il était maintenant terriblement affamé et en colère, et il bondit dehors pour obtenir une autre provision, qu'il apporta et jeta par terre en disant :

« Ha, ha ! Je vais maintenant manger le tout d'un coup, tout seul, et cette autre chose qui dit : « Ha, ha ! après moi, je le chasserai et je l'écraserai comme ça », et il saisit une banane mûre et la serra avec sa patte avec une telle force que la pulpe lui tomba dessus. « Ha, ha ! » il pleure.

« Ha, ha ! » se moqua de la voix aiguë, si claire qu'elle semblait venir de derrière son oreille.

C'était trop dur à supporter ; Gorilla bondit et poussa un rugissement de rage. Il jetait les pots, les paniers, les cadavres et l'herbe de lit partout, en hurlant si fort et si drôlement dans sa fureur que Kinneneh, là-haut dans le grenier, pouvait à peine s'empêcher de l'imiter. Mais le moqueur ne put être trouvé, et Gorilla rugit bruyamment dans la place ouverte devant le village et se précipita dans et hors de chaque maison, à sa recherche.

Kinneneh descendit rapidement de sa cachette et rapporta chaque banane dans le grenier comme auparavant.

Gorilla se précipita de nouveau vers la plantation, et il était si en colère qu'il déracina les tiges de bananiers par la racine, et cassa les grappes d'un seul coup de ses grandes dents de chien, et après avoir rassemblé un gros stock, il le porta dans ses bras à la maison.

« Voilà, dit-il, ha, ha ! Maintenant, je vais manger confortablement et dormir ensuite longtemps, et si celui qui se moque de moi s'approche... ah ! Je le ferais » – et il en a écrasé un gros paquet dans ses bras et a crié : « ha, ha !

« Ha, ha ! Ha, ha ! s'écria la voix moqueuse ; et encore une fois, cela semblait être à l'arrière de sa tête. Sur quoi Gorilla jeta ses bras en arrière dans l'espoir de l'attraper, mais il n'y avait rien d'autre que son propre dos, qui sonnait comme un tambour humide sous le coup.

« Ha, ha ! Ha, ha ! répéta la voix, à laquelle Gorilla sortit de la porte et courut autour de la maison, pensant que le propriétaire volait devant lui, mais il ne put jamais rattraper le pilote. Puis il fit le tour des autres maisons et fit le tour du village sans rien découvrir. Mais entre-temps, Kinneneh avait transporté tout le stock de bananes dans le grenier au-dessus, et quand Gorilla revint, il ne restait pas une seule banane de tout le gros tas qu'il avait apporté sur le sol.

Quand, après s'être assuré qu'il ne lui restait plus un seul morceau de banane à manger, il se gratta les flancs et les jambes, et posant la main sur le sommet de sa tête, il poussa un grand cri semblable à celui d'un grand cri. , enfant stupide, mais les pleurs ne remplissaient pas son ventre. Non, il lui fallait des bananes pour ça – et il se leva au bout d'un moment et alla chercher encore quelques fruits.

Mais quand il en avait apporté un gros tas et qu'il s'était assis devant lui avec son bouquet odorant, il s'écriait : « Ha, ha ! Maintenant, maintenant, je vais manger et être rassasié. Je me remplirai du fruit sucré, puis je m'allongerai et je dormirai. Ha, ha !

Puis instantanément, la voix moqueuse criait après lui : « Ha, ha ! et parfois cela sonnait près de ses oreilles, puis derrière sa tête, parfois cela semblait venir de dessous les bananes et parfois de l'embrasure de la porte : — ce gorille rugissait de fureur et grinçait des dents comme deux meules. , et bavarder pour lui-même, et courir à travers le village, essayant de découvrir d'où venait la voix, mais en son absence le fruit serait emporté par son ennemi invisible, et quand il entrerait pour finir son repas, voilà ! il n'y avait que des épluchures de bananes noircies et tachées, déchets de son premier festin.

Gorilla pleurait alors comme un enfant fouetté et retournait dans la plantation pour apporter encore quelques fruits dans la maison, mais quand il revenait avec, il se vantait toujours de ce qu'il allait faire et criait "Ha, Ha!" et instantanément son ennemi invisible se moquait de lui et criait « Ha, ha ! et il se mettait à délirer et à crier de rage, et à le chercher, et en son absence, ses bananes étaient emportées. Et la faim de Gorilla grandit sur lui, jusqu'à ce que son ventre devienne comme un sac vide, et avec sa faim, son chagrin et sa rage, ses délires furieux et sa course, ses forces furent finalement complètement épuisées, et sa fin fut celle du Le cinquième jour, il tomba de faiblesse sur le seuil de la maison du chef, qu'il avait choisi pour faire son nid, et y mourut.

Lorsque les habitants du village voisin apprirent comment Kinneneh, un petit garçon, avait vaincu le gorille tueur d'hommes, ils l'emmenèrent avec sa mère, et lui donnèrent une belle maison neuve et une plantation, ainsi que des esclaves, hommes et femmes. et quand leur vieux roi mourut, et que la période de deuil pour lui fut terminée, ils élurent le sage Kinneneh pour être leur roi.

« Ah, mes amis, » dit Safeni à ses compagnons, après que Kadu eut terminé son récit, « il n'y a aucun doute que la ruse d'un fils d'homme l'emporte sur la brute la plus forte, et c'est bien pour nous, Machallah ! qu'il devrait en être ainsi ; car si l'éléphant, le lion ou le gorille possédaient une ruse égale à leur force, que deviendrions-nous ?

Et chacun se retirait dans sa hutte, se félicitant d'être né homme-enfant et non une bête épaisse et à la tête confuse.

Chapitre dix-sept.

La Cité des Éléphants.

«Maître», dit Kassim, l'un des garçons Basoko, «les contes de Baruti ont ramené du milieu des choses oubliées une légende que je connaissais très bien autrefois. Ah, j'aimerais pouvoir me souvenir davantage, mais peu à peu les histoires que j'entendais dans mon enfance de la part de ma mère et de la vieille femme qui venait s'asseoir avec elle, reviendront peut-être à nouveau dans l'esprit. Je n'aurais jamais pensé à ce que je vais vous répéter maintenant si les légendes de Baruti ne semblaient rappeler comme si elles étaient encore hier les jours qui allaient et venaient sans compter dans notre village de Basoko. Cette légende concerne la Cité des Éléphants qu'un de mes compatriotes et sa femme ont découvert il y a longtemps, de la manière que je vais vous raconter.

Un homme de Bungandu, nommé Dudu, et sa femme Salimba, cherchaient un jour dans la forêt, très loin de la ville, un vrai séquoia, avec lequel ils pourraient fabriquer un mortier en bois dans lequel ils pourraient piler leur manioc. Ils virent plusieurs arbres de cette espèce au fur et à mesure qu'ils avançaient, mais après en avoir examiné un, puis un autre, ils semblaient mécontents et disaient : « Peut-être que si nous allions un peu plus loin, nous pourrions trouver un arbre encore meilleur pour notre objectif.

Ainsi Dudu et Salimba s'avancèrent de plus en plus loin dans les bois hauts et épais, et toujours devant eux apparaissaient des arbres encore plus beaux qui, après tout, ne seraient pas adaptés à leur usage, étant trop mous, ou trop durs, ou creux, ou trop durs. vieux, ou d'une autre espèce que le séquoia utile. Ils se sont ainsi égarés très loin. Dans la forêt où il n'y a ni chemin ni piste, il n'est pas facile de dire de quelle direction on vient, et comme ils avaient contourné de nombreux arbres, ils étaient trop confus pour savoir dans quelle direction ils devaient se tourner pour rentrer chez eux. Quand Dudu a dit qu'il était sûr que son parcours était le bon pour rentrer chez lui, Salimba était tout aussi sûr que c'était le contraire qui était le vrai chemin. Ils acceptèrent de marcher dans la direction que Dudu souhaitait, et après y avoir passé un long moment, ils y renoncèrent et en essayèrent une autre, mais ni l'un ni l'autre ne les emmena plus près de chez eux.

La nuit les rattrapa et ils dormirent au pied d'un arbre. Le lendemain, ils s'éloignèrent encore davantage de leur ville et devinrent anxieux et affamés. Comme on ne peut voir à plusieurs mètres d'aucun côté de la forêt, un animal entend le pas qui vient bien avant que le chasseur ait la chance d'utiliser son arme. Par conséquent, même s'ils entendaient le bruissement de l'antilope volante ou du cochon sauvage qui s'enfuyait, cela ne faisait qu'augmenter leur anxiété. Et le deuxième jour passa, et quand la nuit tomba, ils eurent encore plus faim.

Vers le milieu du troisième jour, ils arrivèrent dans un endroit dégagé près d'un étang fréquenté par Kiboko (hippopotame), et il y avait une marge d'herbe tout autour , et comme ils l'apercevaient, tous deux en même temps. , aperçut un buffle en train de paître.

Dudu ordonna à sa femme de se tenir derrière un arbre pendant qu'il choisissait deux de ses flèches les plus belles et les plus pointues, et après un examen attentif de la corde de son arc, il se glissa jusqu'au buffle et enfonça une flèche jusqu'à la feuille directrice, qui l'a presque enterré dans le corps. Pendant que la bête regardait autour d'elle et partait du pincement intérieur, Dudu tira sa deuxième flèche dans sa trachée, et elle tomba au sol complètement étouffée. Maintenant, il y avait de l'eau à boire et de la nourriture à manger, et après avoir coupé un chargement de viande, ils choisirent un épais buisson à peu de distance de la piscine, allumèrent un feu et, après avoir satisfait leur faim, dormirent heureux. Le quatrième jour, ils s'arrêtèrent et rôtirent une provision de viande qui durerait plusieurs jours, car ils savaient que la chance n'est pas constante dans les bois.

Le cinquième jour, ils partirent et errèrent encore trois jours. Ils rencontrèrent alors un jeune lion qui, à leur vue, s'avança hardiment, mais Dudu aperçut son arc et lui envoya une flèche dans la poitrine qui le rendit malade du combat, et il se retourna et s'enfuit.

Quelques jours après, Dudu aperçut un éléphant debout près d'eux derrière un grand buisson et murmura à sa femme :

"Ah, maintenant, nous avons une chance d'avoir suffisamment de viande pour un mois."

« Mais, » dit Salimba, « pourquoi voudriez-vous le tuer, alors que nous avons encore assez de viande avec nous ? Ne lui faites pas de mal. Ah, quel beau dos il a et comme il est fort. Peut-être qu'il nous ramènerait à la maison.

« Comment un éléphant pourrait-il comprendre nos souhaits ? » demanda Dudu.

"Parlez-lui quand même, peut-être sera-t-il assez intelligent pour comprendre ce que nous voulons."

Dudu se moqua de la simplicité de sa femme, mais pour lui plaire, il dit : « Éléphant, nous avons perdu notre chemin ; Veux-tu nous porter et nous ramener à la maison, et nous serons tes amis pour toujours.

L'éléphant cessa d'agiter sa trompe, de hocher la tête et, se tournant vers eux, il dit :

"Si tu t'approches de moi et que tu me tiens les oreilles, tu peux monter sur mon dos et je te porterai en toute sécurité."

Lorsque l'éléphant parla, Dudu recula de surprise et le regarda comme s'il n'avait pas bien entendu, mais Salimba s'avança en toute confiance, saisit une de ses oreilles et se hissa sur son dos. Une fois assise, elle s'écria : « Viens, Dudu, qu'est-ce que tu regardes ? Ne l'as-tu pas entendu dire qu'il te porterait ?

Voyant sa femme souriante et confortable sur le dos de l'éléphant, Dudu devint un peu plus courageux et avança lentement, lorsque l'éléphant parla à nouveau : « Viens, Dudu, n'aie pas peur. Suivez votre femme et faites comme elle, puis je rentrerai rapidement avec vous.

Dudu mit alors de côté ses craintes et sa surprise, et saisissant l'oreille de l'éléphant, il monta et s'assit près de sa femme sur le dos de l'éléphant.

Sans un autre mot, l'éléphant avança rapidement, et ce mouvement parut à Dudu et Salimba des plus délicieux. Chaque fois qu'une branche en surplomb gênait son chemin, l'éléphant l'arrachait ou la courbait et passait son chemin. Aucun ruisseau, ruisseau, ravin ou rivière ne l'arrêtait, il semblait savoir exactement le chemin qu'il devait suivre, comme si le chemin qu'il parcourait lui était bien connu.

Quand la nuit tomba, il s'arrêta et demanda à ses amis s'ils ne voulaient pas se reposer pour la nuit, et voyant qu'ils le souhaitaient tant, il s'arrêta dans un endroit agréable au bord de la rivière, et ils glissèrent jusqu'au sol. Dudu en premier et Salimba en dernier. Il leur cassa alors des branches mortes, avec lesquelles ils firent un feu, et l'éléphant resta près d'eux, comme s'il était leur esclave.

En entendant leur conversation, il comprit qu'ils aimeraient manger quelque chose de meilleur que de la viande séchée, et il leur dit : « Je suis heureux de connaître vos souhaits, car je pense que je peux vous aider. Attendez un peu ici, et j'irai chercher.

Vers le milieu de la nuit, il revint vers eux avec quelque chose de blanc dans sa trompe et une jeune antilope devant lui. La chose blanche était une grosse racine de manioc qu'il laissa tomber sur les genoux de Salimba.

« Là, Salimba, dit-il, il y a de la nourriture pour toi, mange à ta faim et dors en paix, car je veillerai sur toi. »

Dudu et Salimba avaient vu beaucoup de choses étranges ce jour-là, mais ils étaient tous deux encore plus étonnés des soins bienveillants et intelligents que leur ami l'Éléphant prenait à leur égard. Pendant qu'ils rôtissaient leur viande fraîche sur la flamme et que la racine de manioc cuisait sous le tas de braises brûlantes, l'éléphant creusait avec ses défenses les racines juteuses de ses arbres préférés autour de leur camp et les grignotait avec contentement.

Le lendemain matin, tous trois, après une baignade dans la rivière, se mirent en route, plus familiers les uns avec les autres et de meilleure humeur.

Vers midi, alors qu'ils se reposaient dans la chaleur du jour, deux lions s'approchèrent pour rugir contre eux, mais alors que Dudu tirait son arc sur l'un d'eux, l'Éléphant dit :

« Vous me les confiez ; Je vais les faire courir assez vite, » disant cela, il arracha une grosse branche d'arbre, et la nourrissant de son tronc, il trottina au grand pas vers eux, et s'en servit si chaleureusement qu'ils s'enfuirent tous deux avec le ventre. à terre, et leurs peaux rétrécirent et frémirent de peur du grand bâton.

Dans l'après-midi, l'Éléphant et ses amis humains repartirent et, peu de temps après, ils arrivèrent à une rivière large et profonde. Il supplia ses amis de descendre pendant qu'il essayait de trouver la partie la moins profonde. Cela lui a pris du temps pour faire cela ; mais, ayant découvert un gué où l'eau n'était pas tout à fait sur son dos, il revint vers eux et les exhorta à le monter car il souhaitait rentrer chez lui avant la nuit.

Alors que l'éléphant était sur le point d'entrer dans la rivière, il dit à Dudu : « Je vois des chasseurs de votre espèce se diriger vers nous. Ce sont peut-être vos parents. Parlez-leur et voyons s'ils sont amis ou ennemis.

Dudu les salua, mais ils ne répondirent pas et, à mesure qu'ils s'approchaient, on les vit se préparer à lancer leurs lances. L'éléphant dit alors : « Je vois qu'ils ne sont pas vos amis ; c'est pourquoi, pendant que je traverse la rivière, veillez sur eux et tenez-les à distance. S'ils viennent de l'autre côté de la rivière, je saurai comment les gérer.

Ils arrivèrent sains et saufs sur la rive opposée ; mais, au moment où ils débarquaient, Dudu et Salimba remarquèrent que leurs poursuivants avaient découvert une pirogue et qu'ils tiraient fortement après eux. Mais l'éléphant, peu après son atterrissage, arriva sur un large chemin aplani par de nombreux déplacements, sur lequel il les conduisit à un pas rapide, si rapide, en effet, que les poursuivants durent courir pour pouvoir les suivre. Dudu, de temps en temps, décochait une flèche sur les chasseurs, ce qui les maintenait à une distance sûre.

Vers la nuit, ils arrivèrent à la Cité des Éléphants, qui était très grande et propre à abriter une telle multitude qu'ils voyaient maintenant. Leur éléphant ne s'attarda pas cependant, mais emmena ses amis au même rythme rapide jusqu'à ce qu'ils arrivent à un puissant éléphant qui était beaucoup plus grand que tous les autres, et ses ivoires étaient d'un blanc brillant, enroulés et extrêmement longs. Avant lui, Dudu et Salimba furent informés par leur ami de descendre et de saluer, et il raconta à son seigneur comment il les avait trouvés perdus dans les bois et comment, grâce aux paroles aimables de la femme, il s'était lié d'amitié avec eux et les avait aidés. à la ville de sa tribu. Lorsque le Roi Éléphant entendit tout cela, il fut très content et dit à Dudu et Salimba qu'ils étaient les bienvenus dans sa ville et qu'ils ne devraient manquer de rien, tant qu'ils seraient heureux de rester avec eux, mais quant à aux chasseurs qui auraient osé les poursuivre, il donnerait immédiatement des ordres. En conséquence, il donna un signal, et dix jeunes éléphants actifs se précipitèrent hors de la ville, et peu de temps après, aucun des chasseurs ne resta en vie, bien que l'un d'eux ait sauté dans la rivière, pensant pouvoir s'échapper de cette manière. Mais vous savez qu'un éléphant est aussi à l'aise dans une rivière qu'un Kiboko (un hippopotame), de sorte que le dernier homme fut bientôt attrapé et se noya.

Cependant, Dudu et Salimba, grâce au bon cœur de Salimba qui avait empêché son mari de blesser l'éléphant, furent libérés de cet endroit et leur ami les emmena avec lui dans de nombreuses familles, et les grands pères et mères racontèrent tout à leurs petits bébés. eux et leurs habitudes, et dit que, bien que la plupart des humains soient très stupides et méchants, Dudu et Salimba étaient très bons, et mettant leurs trompes dans leurs oreilles, ils murmurèrent que Salimba était le meilleur des deux. Alors les petits éléphants se rassemblèrent autour d'eux et trottèrent à leurs côtés et autour d'eux et les divertirent avec leurs pitreries, leurs courses, leurs luttes et autres épreuves de force, mais lorsqu'ils devinrent familiers et quelque peu grossiers dans leur jeu brutal, leur ami éléphant il les réprimanderait, et si cela ne suffisait pas, il les changerait en profondeur.

La Cité des Éléphants était une clairière spacieuse et très fréquentée au milieu d'une forêt épaisse, et dès qu'on y pénétrait, on voyait avec quelle sagesse les familles d'éléphants avaient arrangé leur mode de vie. Car à l'extérieur, les arbres étaient aussi épais que des roseaux aquatiques, et le buisson ou le sous-bois ressemblait à une vieille haie d'asclépiades tricotées entre elles par des vignes épineuses et des grimpantes serpentines dans laquelle le chasseur humain ne pourrait même pas mettre son nez sans se blesser. Eh bien, les éléphants costauds avaient, à force de déracinement, créé des creux profonds, ou des recoins, dans lesquels une famille de deux personnes ou plus pouvait se reposer confortablement, et où même un rayon de soleil ne pouvait les atteindre. Tout autour de la grande clairière, des arches de feuilles sombres couraient, et Dudu et sa femme virent que les familles d'éléphants étaient nombreuses, car d'un seul coup d'œil ils pouvaient dire qu'il y avait plus d'éléphants que d'êtres humains dans un beau village. Dans certains recoins, il y avait une rangée de six éléphants ou plus ; dans une autre, les parents se tenaient face à face, et leurs enfants, petits et grands, se cramponnaient aux côtés de leurs parents ; dans un autre, une famille se tenait debout, la tête tournée vers l'entrée, et ainsi de suite tout autour, tandis que sous un grand arbre, au milieu, il y avait tout un rassemblement de grands gaillards, comme s'ils tenaient une palabre sérieuse ; sous un autre arbre, on semblait regarder ; un autre allait lentement d'un côté à l'autre ; un autre arrachait telle branche ou telle autre ; un autre semblait soulever un arbre ou aiguiser un ivoire émoussé ; d'autres semblaient chargés de déraciner les pousses, de peur que la clairière ne soit obstruée par les sous-bois. Près de l'entrée, des deux côtés, il y en avait une courageuse compagnie, les visages tournés vers l'extérieur, balançant leurs trompes, faisant la sieste dans leurs oreilles, se frottant les uns contre les autres, ou qui, pâté contre pâté, semblaient réfléchir ensommeillés à quelque chose. Il y avait des entrées et des sorties continuelles, seuls ou en petites compagnies. Les routes qui traversaient la clairière formaient comme un réseau, propres et lisses, tandis que celle qui allait vers la demeure du roi était si large qu'une vingtaine d'hommes pouvaient marcher de front. Au fond, le roi se tenait sous son propre arbre, avec sa famille sous les arches derrière lui.

C'était la Cité des Éléphants telle que Dudu et Salimba la voyaient. Je dois dire que les débouchés en étaient nombreux. L'un allait tout droit à travers les bois en remontant la rivière, à l'autre extrémité il suivait la rivière en descendant ; l'un se rendait à un lac, où des plantes juteuses et des roseaux poussaient comme du maïs dans les champs d'un homme, et où les éléphants se réjouissaient dans son eau fraîche et se lavaient ainsi que leurs enfants ; un autre se rendit dans une ancienne clairière où poussaient à l'état sauvage le plantain et le manioc, et où plus de deux tribus humaines pouvaient trouver de la nourriture pendant d'innombrables saisons.

Leur ami dit alors à Dudu et Salimba : « Maintenant que je vous ai montré notre manière de vivre, c'est à vous d'apaiser votre désir pendant un moment et de vous reposer avec nous. Quand tu désires rentrer chez toi, va le dire à notre roi, et il t'enverra avec crédit à ta parenté.

Alors Dudu et sa femme résolurent de rester et de manger, et ils restèrent toute une saison, non seulement indemnes, mais tendrement soignés, sans jamais une heure de faim ni une nuit inquiète. Mais enfin, le cœur de Salimba se souvint de ses enfants, de ses proches, de sa propre maison chaleureuse et des plaisirs du village, et en faisant allusion à ces souvenirs à son mari, il dit qu'après tout il n'y avait pas d'endroit comme Bungandu. Il se souvenait de sa longue pipe, et du talk-house, de la fabrication des tabourets, du polissage du manche, de l'ajustement de l'archet, et des petits travaux de bricolage, de l'abreuvoir et des joyeuses beuveries, et il pleurait doucement en pensant à eux.

Ils convinrent donc qu'il était temps pour eux de rentrer chez eux, et ensemble ils cherchèrent le roi des éléphants et lui parlèrent franchement de leur état.

« Mes amis, répondit-il, ne soyez plus tristes, mais dépêchez-vous de partir. À l'aube du matin, les guides vous emmèneront à Bungandu avec des cadeaux qui vous accueilleront parmi votre peuple. Et quand vous viendrez vers eux, dites-leur que le roi des éléphants désire avec eux une paix et une amitié durables. De notre côté nous ne blesserons pas leurs plantations, ni un plantain, ni une racine de manioc leur appartenant ; et de votre côté, ne creusez pas de fosses pour nos jeunes imprudents, ne suspendez pas les fers barbelés en l'air, et ne plantez pas le pieu empoisonné dans le chemin, ainsi nous échapperons au mal et ne serons pas provoqués. Et Dudu posa la main sur la malle du roi en gage de bonne foi.

Le matin, quatre éléphants, porteurs des cadeaux du roi, des balles de tissus d'écorce, des nattes voyantes, des peaux douces et d'autres choses, et deux éléphants de combat en plus de leur vieil ami, se tenaient à l'entrée de la ville. et quand l'éléphant royal arriva, il souleva Salimba d'abord sur le dos de son ancien compagnon, puis plaça Dudu à ses côtés, et au bout d'un moment, la compagnie repartit.

En dix jours, ils atteignirent la limite de la plantation de Bungandu, et le chef s'arrêta. Les balles furent déposées par terre, puis leur ami demanda à Dudu et à sa femme :

"Sais-tu où tu es?"

« Nous le faisons », ont-ils répondu.

« Est-ce Bungandu ? Il a demandé.

« C'est Bungandu », ont-ils répondu.

« Alors nous nous séparons ici, afin de ne pas alarmer vos amis. Allez maintenant votre chemin, et nous suivons notre chemin. Allez dire à vos parents comment les éléphants traitent leurs amis, et que la paix soit pour toujours entre nous.

Les éléphants se détournèrent, et Dudu et Salimba, après avoir caché leurs richesses dans les sous-bois, se dirigèrent bras dessus bras dessous vers le village de Bungandu. Quand leurs amis les voyaient, ils les saluaient comme on saluerait nos amis que l'on a longtemps cru morts, mais qui reviennent vers nous souriants et joyeux. Lorsque les gens entendirent leur histoire, ils furent très étonnés et doutés, mais lorsque Dudu et Salimba les emmenèrent au lieu de séparation et leur montrèrent les empreintes de sabots de sept éléphants sur la route et les balles qu'ils avaient cachées dans les sous-bois, ils crurent leur histoire. Et à partir de ce jour, ils ont établi une règle selon laquelle aucun homme de la tribu ne devait jamais lever une lance, ni tirer un arc, ni creuser une fosse, ni planter le pieu empoisonné dans le chemin, ni suspendre le fer barbelé en l'air, pour faire du mal. à un éléphant. Et comme preuve que je n'ai dit que la vérité, allez demander aux Bungandu, et ils vous diront pourquoi aucun membre de leur race ne cherchera jamais à blesser l'éléphant, et ce sera la même chose que je vous ai dit. C'est mon histoire.

Chapitre dix-huit.

La recherche de la maison du Soleil.

Nous avions avec nous un homme nommé Kanga en 1883, nom qui semble lui avoir été donné par un habitant islamisé de Nyangwé en raison d'une suggestion fantaisiste faite par certaines de ses marques faciales sur les taches d'une pintade. Kanga n'avait pas encore parlé près du feu du soir, mais il avait été un auditeur amusé. Lorsque les autres conteurs ont été vus arborant leurs robes gaies le dimanche, cela l'a peut-être incité à faire un effort pour s'en procurer une ; d'ailleurs, il nous surprit un soir en nous disant qu'il connaissait une histoire que nous aimerions peut-être entendre. Comme la tribu de Kanga était les Wasongora-Meno sur la rive droite du Lualaba, entre Nyangwé et Stanley Falls, la simple mention d'un conte de cette région suffisait à attiser mon intérêt.

Après quelques compliments convenables adressés à Kanga, qui furent visiblement très appréciés, il s'exprima ainsi :

Maître et amis. Nous avons parmi nous une vieille expression qui est très courante. On dit que celui qui attend et attend son tour risque d'attendre trop longtemps et de perdre sa chance. Ma langue n'est pas agile comme certaines, et mes paroles ne coulent pas comme un fleuve profond. Je suis un peu comme le ruisseau qui est troué par les pierres de son lit, et j'espère qu'après cette explication vous ne serez pas trop impatient avec moi.

Mon histoire concerne le roi Masama et sa tribu, les Balira, qui habitaient loin dans la région la plus intérieure, derrière (à l'est) nous, qui se pressaient sur les rives du grand fleuve. Ils étaient autrefois très nombreux et beaucoup d'entre eux sont venus vivre parmi nous, mais un jour, le roi Masama et le reste de la tribu ont quitté leur pays et se sont dirigés vers l'est, et on n'a plus jamais entendu parler d'eux depuis, mais ceux qui ont choisi de rester avec nous avons expliqué leur disparition de cette façon.

Une femme, par une nuit froide, après avoir allumé son feu dans l'âtre, s'endormit. Au milieu de la nuit, le feu s'était propagé, s'était propagé, et avait commencé à lécher les détritus sur le sol, et depuis les détritus, il s'était glissé jusqu'à son lit de feuilles de bananier sèches, et peu de temps après, il s'était enflammé. Lorsque la femme et son mari furent enfin réveillés par la chaleur, les flammes étaient déjà montées dans le toit et brûlaient furieusement. Bientôt, ils franchirent le sommet et sautèrent dans la nuit, et un coup de vent vint et emporta les longues flammes comme un courant de feu vers les huttes voisines, et en peu de temps le feu s'empara de chaque maison, et le le village a été entièrement incendié. On sut bientôt qu'en plus d'avoir incendié leurs maisons et de nombreux biens, plusieurs personnes âgées et des enfants avaient été détruits par l'incendie, et les gens étaient horrifiés et en colère.

Puis une voix dit : « Nous savons tous dans quelle maison l'incendie a commencé, et le propriétaire doit nous compenser nos pertes. »

Le mari de la femme entendit cela, fut alarmé et, coupable, s'enfuit dans les bois.

Dans la matinée, un conseil des anciens eut lieu, et il fut convenu que l'homme dans la maison duquel l'incendie s'était déclaré devrait payer pour sa négligence, et ils le cherchèrent immédiatement. Mais lorsqu'ils le cherchèrent, il ne fut pas trouvé. Alors tous les jeunes guerriers qui étaient habiles dans l'artisanat du bois, se ceignirent et s'armèrent, et cherchèrent la piste, et quand l'un d'eux l'eut trouvée, il cria, et les autres se rassemblèrent autour de lui et la suivirent, et quand de nombreux regards étaient posés sur lui, la trace ne pouvait pas être perdue.

Ils s'approchèrent bientôt de l'homme, car il était assis sous un arbre et pleurait amèrement.

Sans un mot, ils le saisirent par les bras, l'emmenèrent avec eux et l'amenèrent devant les pères du village. Ce n'était en aucun cas un homme ordinaire. Il était connu comme l'un des principaux hommes de Masama et dont les conseils avaient souvent été suivis.

« Oh ! » disaient tout le monde, « c'est un homme riche et capable de payer ; pourtant, s'il donne tout ce qu'il a, cela ne sera pas égal à notre perte.

Les pères en parlèrent longuement, et décidèrent enfin que, pour sauver sa vie perdue, il leur remettrait librement tous ses biens. Et il l'a fait. Sa plantation de bananes et de plantains, ses parcelles de haricots, d'ignames, de manioc, de pommes de terre, d'arachides, ses esclaves, ses lances, ses boucliers, ses couteaux, ses pagaies et ses pirogues. Lorsqu'il eut tout abandonné, le cœur du peuple s'adoucit à son égard et lui pardonna le reste.

Après que les biens de l'aîné eurent été partagés également entre les victimes de l'incendie, les gens reprirent courage et entreprirent de reconstruire leurs maisons. Bientôt, ils eurent un nouveau village et ils s'étaient installés aussi confortablement que jamais.

Alors le roi Masama fit une loi, une loi très sévère, selon laquelle désormais aucun feu ne devrait être allumé dans les maisons, de jour comme de nuit ; et le peuple, qui était maintenant très alarmé par le feu, accepta d'un seul cœur d'observer la loi. Mais on sentit bientôt que le remède contre le mal était aussi cruel que l'avait été le feu. Car les maisons étaient couvertes de feuilles de bananier vertes, les bois étaient verts et mouillés de leur sève, le sol était humide et froid, l'air était mortel, et les gens commençaient à souffrir de douleurs aux articulations et leurs genoux étaient raides. et les douleurs voyageaient d'un endroit à un autre à travers leur corps. Le village était rempli de gémissements.

Masama souffrait plus que tout, car il était vieux. Il frissonnait nuit et jour, et parfois ses dents claquaient au point qu'il ne pouvait plus parler, et après cela sa tête lui brûlait et la sueur chaude coulait de lui, de sorte qu'il ne connaissait pas de repos.

Alors le roi rassembla ses chefs et ses principaux hommes et dit :

« Oh, mon peuple, c'est insupportable, car la vie n'est plus avec moi qu'une fièvre continue. Quittons ce pays, car il est ensorcelé, et si je reste plus longtemps, il ne restera plus rien de moi. Voici, mes articulations sont raidies à cause de ma maladie et mes muscles se flétrissent. Le seul moment où je me sens un peu à l'aise, c'est quand je m'allonge sur les cendres chaudes hors de la maison, mais quand les pluies tombent, je dois me retirer à l'intérieur, et là je ne trouve aucun réconfort, car la moisissure se répand partout. Cherchons donc immédiatement un climat plus chaud. Voyez d'où sort chaque matin le soleil, chaud et brillant ; là où est sa maison, il doit y avoir de la chaleur, et nous n'aurons pas besoin de feu. Ce que vous dites?"

Les paroles de Masama ont ravivé leurs esprits abattus. Ils regardèrent vers le soleil en le voyant monter dans le ciel, et sentirent sa lueur encourageante sur leurs poitrines et leurs épaules nues, et ils crièrent d'un commun accord : « Partons et cherchons l'endroit d'où il vient. »

Et les gens se préparèrent et entassèrent leurs affaires dans les pirogues, et un certain jour ils quittèrent leur village et remontèrent leur large rivière, la Lira. Jour après jour, ils remontaient le ruisseau et nous entendions parler d'eux par les Bafanya alors qu'ils passaient par leur pays, et les Bafanya en entendaient parler sur une longue distance - de la tribu suivante - les Bamoru - et les Bamoru en entendaient parler. arrivant près du pays des montagnes au-delà.

Ce n'est que longtemps après que nous avons appris ce qu'il était advenu de Masama et de son peuple.

On disait que les Balira, lorsque la rivière était devenue peu profonde et petite, quittèrent leurs canots et voyageèrent par terre parmi de petites collines, et après avoir serpenté parmi elles, ils arrivèrent au pied de la haute montagne qui se dresse comme un grand-père parmi elles. les petites montagnes. Ils gravirent les flancs de la grande montagne, les plus forts et les plus actifs d'entre eux devant eux, et à mesure que les jours passaient, ils virent que le monde était froid et sombre jusqu'à ce que le soleil se montre au bord de la grande montagne, lorsque le jour se leva. devenaient plus agréables, car la chaleur pénétrait jusqu'aux moelles et réjouissait leurs cœurs. Plus la chaleur devenait grande, plus ils étaient sûrs de se rapprocher de la demeure du soleil. Et ainsi ils continuèrent encore et encore, jour après jour, serpentant le long d'un côté de la montagne, puis tournant à nouveau vers un vent encore plus haut. Chaque jour, à mesure qu'ils avançaient vers le sommet, la chaleur devenait de plus en plus forte. Entre eux et le soleil, il n'y avait plus le moindre arbuste ni la moindre feuille, et il faisait si terriblement chaud qu'il ne restait finalement plus une goutte de sueur dans leurs corps. Un jour, alors qu'il n'y avait pas un nuage dans le ciel et que tout le monde était au-dessous d'eux — tout en bas comme une grande peau de buffle — le soleil apparut sur le bord de la montagne comme une boule de feu, et le plus proche d'entre eux se leva. le sommet était séché comme une feuille sur une flamme, et ceux qui étaient derrière étaient étonnés de sa force brûlante et sentaient, tandis qu'il naviguait au-dessus de leurs têtes, qu'il était trop tard pour eux de s'échapper. Leurs peaux commencèrent à se ratatiner, à se crépiter et à tomber, et aucun de ceux qui se trouvaient en haut du flanc de la montagne ne survécut. Mais quelques-uns de ceux qui se trouvaient le plus près du fond et des ceintures forestières réussirent à s'abriter, et y restant jusqu'à la nuit, ils profitèrent de l'obscurité, quand le soleil dort, pour fuir la demeure du soleil. À l'exception de quelques vieillards pauvres et de jeunes enfants, il ne restait plus personne de la tribu autrefois peuplée des Balira.

C'est mon histoire. Nous qui vivons près du grand fleuve, nous avons pris à cœur la leçon que la fin de cette tribu nous a apportée, et c'est la suivante. Les rois qui insistent pour que leurs volontés soient suivies et qui ne se soucient jamais de prendre conseil avec leur peuple sont aussi peu dignes d'attention que les enfants qui bavardent sur ce qu'ils ne peuvent pas savoir. le chef et les retournent dans leur esprit, et lorsqu'ils sont d'accord, ils en confient la réalisation au chef, qui ne peut agir que selon le décret des anciens.

"NONE OF THOSE WHO WERE HIGH UP ON THE MOUNTAIN SIDE WERE LEFT ALIVE."

Chapitre dix-neuf.

Un gorille hospitalier.

« Monsieur, » dit Baruti, après que nous nous soyons tous rassemblés autour du feu du soir et que nous attendions l'histoire habituelle, « l'histoire de Kassim sur la Cité des Éléphants et la paix qui a été conclue entre les éléphants et les Bungandu a rappelé me raconte ce qui s'est passé entre une tribu vivant sur les rives de la petite rivière Noire au-dessus du Basoko et un gorille.

"Wallahi, mais ces garçons Basoko battent tout le monde pour avoir raconté des histoires", s'est exclamé un Zanzibar. "Je me demande cependant s'ils les ont inventés, ou s'ils les ont vraiment entendus de leurs vieux gens, comme ils disent qu'ils l'ont fait."

« Nous les avons entendus, bien sûr », répondit Baruti avec un regard indigné ; « Car comment Kassim ou moi pourrions-nous imaginer de telles choses ? J'entendais presque chaque jour quelque chose de la part des anciens ou des vieilles femmes de la tribu. Ma mère m'en a aussi raconté quelques-unes, et mon grand frère m'en a raconté d'autres. Dans notre talk-house de village, il ne se passait presque pas un jour sans que nous entendions parler de quelque chose d'étrange qui s'était produit autrefois. C'est cette coutume de se réunir autour du feu du maître, et les légendes que l'on entend, qui nous rappellent ce que nous entendions autrefois, et en y réfléchissant et en y réfléchissant, les paroles nous reviennent.

"Mais pensez-vous que ces choses dont vous parlez sont vraies ?" » demandèrent les Zanzibar.

"Vrai!" répéta-t-il. « Qui suis-je pour dire : Cette chose est vraie et celle-là est fausse ! Je ne fais que répéter ce que mes supérieurs ont dit. Je ne parle pas de ce que j'ai vu, mais de ce que j'ai entendu, et les paroles du maître furent : « Essayez de vous souvenir de ce qui vous a été dit dans vos villages par les anciens de votre peuple, et si vous me le dites convenablement, je vais vous donner un joli tissu. Eh bien, quand nos vieillards étaient de bonne humeur et fumaient leurs longues pipes, et que le pot de vin était à leurs côtés, et que nous leur demandions de nous raconter un peu l'époque où ils étaient jeunes, ils disaient : « Écoutez. à cela maintenant », et ils nous racontaient ce qui s'était passé il y a longtemps. Ce sont les choses d'autrefois dont nous nous souvenons le mieux, parce qu'elles étaient si étranges qu'elles s'accrochaient à l'esprit et ne voulaient pas être complètement oubliées. S'il y a quelque chose de désagréable en eux, ce n'est pas notre faute, car nous ne faisons que répéter les paroles qui nous sont entrées à l'oreille.

« Cela fera l'affaire, Baruti ; continuez votre histoire; et toi, Baraka, laisse ta langue dormir », s'écria Zaidi.

«J'ai seulement posé une question. Ho! comme vous êtes impatients, les gars !

« Non, ce ne sont que des bavardages ; nous n'entendrons jamais cette histoire à ce rythme-là. Hyah ! Barikallah ! (Dépêchez-vous, au nom de Dieu !) Baruti.

Eh bien (commença Baruti), cette tribu habitait sur les rives de la Rivière Noire, juste au-dessus de la ville de Basoko, et à cette époque lointaine, l'épaisse forêt qui l'entourait était hantée par de nombreux animaux monstrueux ; les grands singes, les chimpanzés, les gorilles et d'autres créatures similaires, que l'on ne voit pas souvent de nos jours. Non loin du village, dans un endroit sombre où les branches se rejoignaient au-dessus du ciel et formaient un écran épais, et que le bois inférieur entourait étroitement pour qu'une tortue puisse à peine y pénétrer, vivait le père des gorilles. Il s'était logé à la fourche d'un des arbres les plus hauts, et de nombreux hommes avaient vu le nid en passant, mais aucun n'avait encore vu le propriétaire.

Mais un jour, un pêcheur à la recherche de rotins pour fabriquer ses filets, s'égara loin dans les bois et, en essayant de retrouver le chemin de sa maison, heurta la Rivière Noire en hauteur. Alors qu'il se demandait si c'était le ruisseau noir qui coulait près de son village, il aperçut, un peu à sa droite, un immense gorille qui, à cause de la longue fourrure sombre sur sa poitrine, paraissait plus grand qu'il ne l'était réellement. . Une sueur froide causée par sa grande peur commença à sortir de l'homme, et ses genoux tremblèrent au point qu'il pouvait à peine se tenir debout, mais lorsqu'il s'aperçut que le gorille ne bougeait pas, mais continuait à manger ses bananes, il se réconforta un peu, et ses sens sont revenus. Il tourna la tête pour voir le chemin le plus clair pour courir ; mais alors qu'il s'apprêtait à partir, il vit que les yeux du gorille étaient fixés sur lui. Alors le gorille prit la parole et dit :

«Viens à moi et laisse-moi te regarder.»

La peur du pêcheur lui revint, mais il fit ce qu'on lui disait, et lorsqu'il se crut assez près, il s'arrêta.

Alors le gorille dit :

« Si tu es mon parent, tu es à l'abri du mal ; sinon, tu ne peux pas passer. Combien as-tu de doigts ? Il a demandé.

"Quatre", répondit le pêcheur, et il tendit une main tournée vers le gorille, et son pouce était replié sur la paume pour qu'il ne puisse pas être vu par la bête.

« Oui, c'est vrai en effet. Eh bien, tu dois être un de nos parents, même si ta fourrure est quelque peu rare. Asseyez-vous, prenez votre part de cette nourriture et mangez.

Le pêcheur s'assit, détacha les bananes de la tige et mangea de bon cœur.

« Maintenant, remarque le gorille, tu as mangé de la nourriture avec moi. Si jamais tu rencontres au cours de tes pérégrinations l'un de mes frères, tu dois être gentil avec lui en souvenir de ce jour. Notre tribu n'a aucune querelle avec aucun des vôtres, et votre tribu ne doit en avoir aucune contre aucun des miens. Je vis seul au loin en aval de cette rivière, et ta tribu vit encore plus loin. Faites attention à notre mot de passe, « *Tu-wheli, Tu-wheli* ». Grâce à cela, nous savons qui est amical et qui est contre nous.

Le pêcheur partit et, en courant, il atteignit sain et sauf son village ; mais il garda secret ce qu'il avait vu et rencontré ce jour-là.

Peu de temps après, la tribu résolut de faire une grande chasse autour de son village, pour effrayer les bêtes de la forêt ; car en certains points ils nous ressemblent. Si nous laissons une région tranquille pendant environ une lune, les animaux pensent que nous avons quitté le pays ou que nous avons peur d'eux. Les singes et les éléphants sont les pires à cet égard et ouvrent toujours la voie, nous talonnant et envoyant souvent leurs éclaireurs en avant pour nous signaler ou nous faire signe que nous nous attardons trop longtemps.

Les gens se chargèrent de leurs grands filets et choisirent d'abord le quartier où vivait le Père Gorille. Ils installaient leurs filets autour d'un large espace, puis les chasseurs devaient effectuer un grand balayage et chasser tout le gibier vers les filets, et ici et là, là où le filet était faible, les chasseurs se tenaient derrière un buisson épais, leurs lourdes lances prêt pour l'aventure.

THE FATHER OF THE GORILLAS ADDRESSING HIS KINSMEN.

Eh bien, il se trouve qu'à ce moment précis, le père des gorilles parlait à ses parents, et la première fois qu'ils eurent connaissance de la chasse et qu'une multitude d'hommes se trouvaient dans les bois, ce fut lorsqu'ils entendirent les cris horribles de les batteurs, le son des cors, le tintement du fer et le bruissement général des buissons.

Le pêcheur, comme le reste de ses amis, était bien armé et il était aussi passionné que les autres pour la chasse, mais peu après avoir entendu les cris des rabatteurs, il vit un grand gorille sortir des buissons en courant et il sut lui immédiatement pour son ami, et il s'écria : « *Tu-wheli ! Tu-wheli* ! » Au son, le gorille conduisit ses parents vers lui et passa le mot à ceux qui se trouvaient derrière, en disant : « Ah, c'est notre ami. Ne lui faites pas de mal.

Les gorilles passèrent en une longue file de puissants gaillards, près du pêcheur, et lorsqu'ils entendirent la voix de leur père, ils lui murmurèrent seulement : « *Tu-wheli, Tu-wheli* », mais le dernier de tous était un grand , gorille au visage aigre, qui, voyant que le col n'était gardé que par un seul homme, se précipita sur lui. Son rugissement de rage fut entendu par le père, et se retournant, il comprit que son frère humain était en danger, et il cria à ceux qui étaient les plus proches pour les séparer : « Cet homme est notre frère ; » mais comme le féroce gorille était sourd aux mots, le père revint vers eux et le tua, puis s'enfuit en toute hâte alors que les chasseurs se pressaient.

Ceux-ci, lorsqu'ils s'approchèrent et remarquèrent que la lance du pêcheur était encore dans sa main et qu'elle n'était pas peinte de sang, furent furieux, et ils convinrent ensemble qu'il n'aurait pas part de la viande. « Car, dirent-ils, il devait être dans une ligue contre nous. Il n'a pas non plus obtenu de part du butin.

Quelques jours après, le pêcheur traversait une partie de la forêt et un gorille le rencontra sur le chemin et lui dit :

« Reste, il me semble te connaître. N'es-tu pas notre frère ?

« *Tu-wheli, Tu-wheli* ! » il pleure.

" Ah ! c'est vrai, suivez-moi ; " et ils se rendirent ensemble à l'arbre de nidification du gorille, où le pêcheur se régala de bananes mûres, de baies, de noix et de racines juteuses, et on lui montra quelles racines et baies étaient douces et lesquelles étaient amères, et tant était grande la joie. variété de nourriture qu'il a vue, qu'il a appris que même s'il est perdu dans la forêt, un homme sage n'a pas besoin de mourir de faim.

Lorsque le pêcheur revint dans son village, il convoqua les anciens et il raconta toute l'histoire de ses aventures devant son peuple, et lorsque les anciens apprirent que les baies et les racines, les noix et les champignons de la forêt, dont ils avaient jusqu'alors avaient peur, étaient doux et sains, ils s'écriaient d'une seule voix, que les gorilles s'étaient révélés de véritables amis et leur avaient donné de nombreuses connaissances utiles ; et il fut convenu entre eux qu'à l'avenir les gorilles seraient comptés parmi ceux contre lesquels il ne serait pas licite de lever leurs lances.

Depuis que les tribus de la Rivière Noire évitent de nuire au gorille et à toutes ses espèces, petits et grands ; aucun des gorilles ne s'introduira dans leurs plantations ni ne molestera les gens.